ERO. 是什麼？

日本埼玉縣小鹿野町有家菜館，近來發出一些傳單，附近的人招待，何來百分之百的 ERO. 呢？不禁爲好奇心所使，踏之店主，那誠實的商人，泰然答道：「這是無論什麼廣告上都有的新名詞，意思是說特別克己吧！」

而印着「徹店 ERO. 百分之百。」警察因兒这爿店子，平日做生意很規矩，即

民国
外国出版史料汇编

叶 新　周伟俊　编

知识产权出版社
全国百佳图书出版单位
—北京—

图书在版编目（CIP）数据

民国外国出版史料汇编/叶新，周伟俊编. —北京：知识产权出版社，2021.4
ISBN 978-7-5130-7491-9

Ⅰ.①民… Ⅱ.①叶… ②周… Ⅲ.①出版工作—史料—汇编—国外 Ⅳ.①G239.1

中国版本图书馆 CIP 数据核字（2021）第 064412 号

内容提要

本书收录60篇民国时期外国出版史料，出自《西书精华》《读书月刊》《东方杂志》《同行月刊》《西风》《中国新书月报》等四十余种民国期刊，涵盖范围广，内容较为全面，整体呈现了民国时期美国、英国、法国、德国、日本、苏联等国家的出版状况。

责任编辑：阴海燕　　　　**责任印制**：孙婷婷

民国外国出版史料汇编
MINGUO WAIGUO CHUBAN SHILIAO HUIBIAN
叶　新　周伟俊　编

出版发行：	知识产权出版社有限责任公司	**网　　址**：	http://www.ipph.cn http://www.laichushu.com
电　　话：	010-82004826		
社　　址：	北京市海淀区气象路50号院	**邮　　编**：	100081
责编电话：	010-82000860转8693	**责编邮箱**：	laichushu@cnipr.com
发行电话：	010-82000860转8101	**发行传真**：	010-82000893
印　　刷：	北京中献拓方科技发展有限公司	**经　　销**：	各大网上书店、新华书店及相关专业书店
开　　本：	720mm×1000mm　1/16	**印　　张**：	11.75
版　　次：	2021年4月第1版	**印　　次**：	2021年4月第1次印刷
字　　数：	220千字	**定　　价**：	76.00元

ISBN 978-7-5130-7491-9

目　录

·综　述·

·美　国·

·英　国·

·法　国·

·德　国·

·日本·

·苏　联·

·其　他·

综　述

英美兩國之出版事業

英美兩國之出版事業、最稱發達。惟其圖書出版。與印刷事業。有全然區別者。有商店與工場併合者。亦有發行圖書兼發行雜誌者。又有僅發行雜誌、及以雜誌與新聞并發行者。今就兩國之圖書雜誌新聞。舉其印刷發行之狀況。並販賣之方法略言之。

(一)美國之圖書出版事業

美國圖書出版之方法。實足表其新進國文明之態度。規模甚宏大。印刷製本等所用之機械。皆異常精巧。故其出版迅速。美備殊令人驚歎。如市加古之抹克米由那書店。紐約之亞美利加圖書公司。皆嘖嘖在人口者。而雜誌則紐約之盟塞雜誌。可斯模帕里香雜誌。西拉狄西耶市之貴女家庭雜誌。及禮拜六夕刊郵報等社。其印刷機械。亦與紐約之呵公司。可脫勒爾公司相等。而就大致言之。美國圖書之出版現狀。與其雜誌新聞有異。其發行部數。殊不及英德諸國也。

（二）美國之雜誌

至美國之雜誌發行之盛。世界各國固無與比倫。然其發行大都注全力於其一二種而已。至其販賣雜誌之利益。則惟置重於廣告費之收入。故論其雜誌之成本。所費殊不貲。而售價且極廉。發行之部數甚多。故其廣告之功能甚大。於是廣告篇幅。遂占雜誌之半。其發行數最多者。爲有名之西拉狄西耶「貴女家庭雜誌」每號印刷至一百萬部以上。其次則「盟塞」「狄利內他」「司克里布拿」「可司莫帕里呑」「拿西煜拿爾」「禮拜六夕刊郵報」「各個之少年」等。皆印刷至五六十萬部。此等發行部數較多之雜誌。大抵以婦人界少年界購讀者爲多。且以小說及記事等有興味之筆墨爲主。至議論時事之政治經濟等雜誌。如「北美評論」雖爲世界的著名雜誌。而銷數究非其比也。

（三）美國之新聞紙

更觀美國之新聞界。則其發行部數。乃遠遜於前述之雜誌。此殊出意外。然其間固有原因。蓋雜誌之能有力者。每號之出。無論在全國何地。皆可行銷。且普及於海外之英文各國。若新聞紙則各地方皆限地發行。如在大都會所謂「勒巴布里肯」與「狄莫克蘭脫」兩政黨之機關新聞。固不待言。而此外尙有幾許之朝刊夕刊等新聞。一日之中。發行且至五六次。且不惟發行美國新聞而已。每日且特發行「紐約海拉特」之巴黎夕刊。故美國全國苟有成一街市之處。無不有一種發刊之新聞也。行於美國。在任何等街市之朝出暮歸電車中。無不見有人手一新聞紙者。閱畢卽隨手棄去。故車之上層下層。拉雜堆塞。皆新聞紙也。以此世界無論何國各市中新聞銷數。皆無若美國之多。而其新聞必爲該都會之所出版。如我國上海報紙之行銷於內地者。乃絕少之數。新聞之勢力既限於一地方。故其銷數。乃在雜誌之下矣。

(四)與美國反對之英國出版界

隔大西洋一海之英國。其出版情狀。乃適與美國相反。此何故歟。蓋英國雜誌之發行數。不如美國之多。而新聞紙則每號必不下一百萬份。如倫敦之「第利鐵里爾拉夫」「第利克洛克爾」即其例也。而遠勝於美國者。則爲圖書之出版事業。且美國之各雜誌。每專注全力於一二種。而英國則一社且發行至十餘種。如「亞沙披耶生公司」「迷奇尼烏痕公司」「喀賓爾公司」等。此等公司。於發行雜誌之外。並出版種種圖書。或兼發行日刊新聞。而如「喀賓爾公司」者。尤於英國圖書出版業中占第一位置。世界無不知名。蓋該社之定期出版物。且達二十種以上也。其「倫敦泰晤士新聞社」亦別設「泰晤士來布拉里」極宏大之圖書發行所。以專售出版之圖書。而「第利克洛克爾新聞社」亦在其本業之旁。發行「洛伊脫週報」及其他數種雜誌。此皆與美國出版事業相異之點也。

(五)英美兩國類似之點

其相同之處。則倫敦之新聞。亦如美國。恒不必經小販之手。而於每晨直接分送於各家。雜誌之販賣所。則在各停車場內。均設有小店以分售之。此亦與美國絕類。其發行部數。亦以婦人界少年少女界之購閱爲多。如彼著名之評論之評論。其部數則視「呵莫洛芝」「披耶生週報」「啓脫別脫」等較遜。此則不惟雜誌爲然。即新聞亦然。如世界唯一新聞之泰晤士。其發行部數。想亦不過十萬內外。而俗以小說呼之之「第利狄勒爾拉夫」則銷行固在百萬部以上也。

（六）英美兩國相異之點

英國之雜誌。形式不如美國之美麗。內容之豐富亦較遜。廣告尤較美國爲少，蓋因廣告收入之少。故其美麗遂不如。並因發行之價額較高。故發行之部數遂少。而廣告亦因之不多也。惟其所以然者。究出何因。則美國之於廣告。恒不惜糜費爲之。乃其特色所在。因利用此特色。遂置重於廣告收入。爲其販賣利益也。

惟姑不論有此異點。而英國業雜誌之告大成功者。則殊不尠。如「敢脫別脫」社長菊奇尼烏痕氏。「拔耶生週報」社長拔耶生氏。均推巨擘。此其廣告收入雖較少。而均恃販賣之利益。以致成功。迨其廣告收入漸增。則益改良雜誌。低廉價格。販路遂益擴張。此皆出版界所宜師法者也。

法美日英四國出版界近況

霖

法 近年法蘭西的書籍生產，偏重一種小說印象(Impression)巴黎的出版書店，對於說話文學的大衆的消化力，咸認爲評價過重。出版恐慌已漸次明瞭，照此情形可以預期到小說生產的著作數量的後退，正在講求避免生產的組織的制限。

美 據法蘭西的「弗加維」報紙所載美國的出版，比較汽車爲第二大產業，在一九一九年出版二億五千二百萬冊的書籍，一九二九年當超過一九一九年的數量，約出有五億冊的書籍，美國每日印刷三千四百萬的報紙。而每年所印刷的雜誌的數量，有一億三千萬這等的生產總額，依一九二九年計算已達二十五億五千萬美金。

日 據日本內務省警保局調查，在昭和五年(一九三〇)中所出的普通出版物(單行本)總數有二萬二千四百七十六冊，比較前年增加一千三百六十五部，就其內容分別，關於社會的圖書，更見加增，昭和四年出版的八百六十一部。五年激增增加至一千五十三部，此外逐年增加的關於教育圖書，去年也仍然繁殖，由前年的一千八百二十七部增加至二千三百八十九部，其次關於家庭娛樂的圖書也增加了。反之，因爲社會一般的不景氣的影響，關於產業的圖書較爲減少。前年出版的三百八十六部比較去年減少至二百五十三部，交通技藝等一般眞面目書籍的出版也減少了。

英 一九三〇年在英國出版界，算是從世界大戰以來，未曾有的不景氣的一年，出版界大約均因此不景氣而倒閉者，比比皆是，現在對付此種不景氣，只要注意自己的銷路深切地加以整頓，還可以救濟多少的利益。

國際出版界一瞥

錢歌川

出版界發達到今日這種狀況，總算是大有可觀了。書籍出版年年增多，印刷事業日趨完美，自然是我們人類的福音，文化進展的明證。因此，我們似不妨以出版率的高低來判定各國文化的進退。俄國在出版數量上坐到世界上第一把交椅還是一千九百二十五年以後的事。到一千九百二十七八年間，早已把以前占第一位的德國壓倒，迄最近二三年來，簡直是闊步世界，無往而不第一了。照一千九百三十年的統計，俄國出版物的交易額，達到四萬萬二千萬盧布，一千九百二十九年也有二萬萬三千萬盧布，今年(卽一九三二年)，據一般推測，當不難超出五萬萬盧布吧。至於其出版物分類的交易額的比例則爲：

	一九三〇年	一九三一年	比上年度增加
書籍	250	270	11%
雜誌	50	60	12%
報紙	120	180	50%

一千九百三十一年其出版物之生產額，預計可以發達到三萬萬五千萬盧布。若蘇俄聯邦全工業生產物本年能達到二百五十七萬萬盧布的話，那出版物所占的價額就有七十分之一，實已不在少數。而且他們這些出

版物，并不是像資本主義國中那樣，成為一種獲利手段的企業，而是作為一種擴大民衆文化之機關所產生出來的，所以前途大有發展的可能，且決非一種偶然的現象。

其他各國，便與俄國不同，出版文化的生產，純然是作為一種企業，所以其出版常依其經濟形態的伸縮，而時有盛衰。世界次於俄國的出版國，自然要算德國了。德國近年財政困難，什麽都在緊縮中，而獨於出版物，却特別踴躍，頗有大量的生產。這是出人意料以外之事。

其次出版率最高的國家，恐怕就要算日本了。日本每年的出版物，有一萬五千種上下，平均一天要出四十多種。可見市面雖不景氣，出版界却很飛躍，這不僅日本為然，德國是這樣，英國也是這樣。這眞是一種不可理解的神祕。

日本雖只占世界的第三位，然牠的出版率已很可驚，我們若再詳細一點統計時，其雜誌報章姑且不論，單說其單行本的發行數，大正十年（卽一九二一年）就有一萬一千九百零三冊，迄昭和五年（卽一九三〇年）竟達到二萬二千四百七十六冊，差不多比十年前要增加二倍的光景。其雜誌之多，尤其我們所難想見，報上差不多每天可以看見創刊雜誌的廣告。其根據出版法的雜誌數，大正十年有二萬一千九十七種，至昭和五年則達三萬九千二百三十九種，也差不多增加兩倍了。說到報紙，尤具盛況，大正十年的數字是三千九百八十，迄昭和五年則達一萬一百三十，激增三倍光景。

他們的書籍雜誌之所以能這樣大量的生產，固然是因為讀書界大量的要求，但他們宣傳的能力，迎合的手腕，也未嘗沒有關係。出版家的苦心，正同英雄造時勢一般，他們可以左右讀書界的傾向，如最近日本最能銷的書便是所謂 ERO. 與 GRO.（卽 Erotic 與 grotesque）交錯的東西，其趣味之趨於低下，自不待言。出版家乘此讀者之好奇心，一切新書的廣告，無不冠以 ERO 與 GRO 之字樣，獵奇全集，尖端圖鑑，竟如雨後春筍似的產生，而其銷路也就突破一切記錄。我記得墺國有一家老書店，有次突然登個廣告略謂出閣前之處女非讀不可之祕本，一時少年男女爭相預約，書店因此賺錢不少，及至後來書籍出版，卻是一本普通的烹調術，（大約是讀了我國唐詩三日入廚下句，而得到的暗示吧。）使讀者大失所望，他們憤慨之餘，認爲是一種欺騙行爲，結局鬧成法庭起訴，但開庭之後，宣告原告理由不充分而不受理，錢終至被那書店賺去了。這無非也是狡猾的 ERO 利用，自然也是其大量生產的一種間接原因。

此外，近來他們都主張薄利多賣主義，一元本因此流行起來，日本有了，英美也有了。書只要價錢便宜，便能多銷，自從他們悟到這種哲學以後，出版界便有了一大革命。自然書籍不是供人作裝飾品的，書籍是一種精神的食物，俗語說：「好看不好吃，」只要內容好，自有其不滅的價值，何必一定要外觀漂亮呢。外觀裝飾過於漂亮，徒然提高了成本，減少了讀者購買的能力，自然也是阻撓文化的一種間接原因呢。

一九三一年，八月，二十日。

英美出版事業概況

——陸品琴先生在營業員講習班演講稿——

出版事業在英歷史最久，初係官商合辦，名爲Stationers' Company，因壟斷性質之故，日漸毫無精神，個人企業因以再起。Stationer's Company官商合辦雖已失其勢力，然今日出版業高尚之商業道德，實基於此。

在英美出版事業與印刷事業分離已久。近日除極少數之出版家兼印書籍外，其餘早已不理印刷事業，蓋印刷係一專門學術，與出版事業完全不同，所需人材亦異，窮個人之智力，亦難兼顧。且英美印刷事業發達，出版家印書可隨時選擇技術優美者交付承印，毋庸自辦印刷所。美國麥美倫圖書公司出版之書籍，由二十餘家印刷所承印，故每有一書出版，即視其性質分配之。然若某書初印由某廠承辦，則以後再版仍由該廠承印，以求紙張裝訂等之劃一。

現在英美最著名之出版家，其創始也均爲售書舖。一世紀前交通不便，雖小如英國南北出版之書，須互相寄售。日後出版物日多，故零售與出版分業以收專門推廣之效。美國麥美倫公司初係在美代表英國麥美倫公司，後美國作者日多，擴充而另組公司，因美國人商業進取之精神較英國人爲急迫，故今日美國公司反較英國之母公司爲大。本埠中美圖書公司，初創時擬兼事出版，後以營業上意見分歧，故未擴充。上海之別發、北平之法文圖書館，均兼售書及出版，而別發更兼印刷事業。

舊時英國出版事業，繫於經營者一人之身，此人大概係一文學家，與當代學者有密切關係，故出版家與著作家均富有個人感情。現今營業日增，公司組織擴大，著作者與出版者之感情日趨於商業化。

作者著作亦有變遷。舊時作者，以其個人之意見或理想，供獻社會，以遂其改造社會之期望。近代著作者愈趨商業化，其所著之書，恆以迎合社會心理，以冀增加銷數。

普通人以版出事業爲營利機會之捷徑，致著作者與出版家之誤會甚深。然事實並不如此。若每書出版有威爾施氏之世界史綱之銷數，則出版事業固可發財。惜能賺錢之書籍極少，虧本之書較多。雖出版家眼光銳利，亦不能免。在十年前英國之出版家、著作家、售書家身後所遺之產業如下：

（一）出版家

John Lane £12,000;

William Heinemann £33,000;

J. M. Dent £14,000;

（二）售書家

J. J. Banks £35,000;

B. H. Blackwell £54,000;

（三）著作者

Charles Garvice £71,000;

Rider Haggard £61,000;

（四）著作兼雜誌家

Sir Henry Lucy £250,000;

SirWilliam Ingram £265,000;

按照美國所得稅之表，各家每年所入與上表比例同。

出版家組織

出版家之組織，大概有一人或數人或其家屬

在公司中有絕對多數之股權，故其股票不若他種公司之股票，能在市上收買。

公司除例有之董事會外，設有總經理一人，因無印刷及編輯所之故，故大部份職員都與營業有直接之關係。美國麥美倫公司之組織如下：

(一)廣告部設經理一人。

(二)帳務部設經理一人，收帳及放帳之全權，屬之。

(三)大學教科書部，設總編輯一人，經理一人，或一人兼二職，凡關於收稿或推銷大學教科書之一切計劃屬之。

(四)中小學教科書部，兼教育用書，負責人員及職務，與上同。

(五)普通用書部，負責人員等，與上同。

(六)醫學書部，負責人員等，與上同。

(七)兒童用書部，負責人員等，與上同。

(八)農業書籍部，負責人員等，與上同。

(九)宗教書籍部，負責人員等，與上同。

(十)運動用書部，負責人員等，與上同。

以上各部推銷人員，各部不同，故各有專職。其餘對內更分若干部，辦理事務。

書業統一售價發展的經過

（雋）

（譯自 The Publishers' Weekly）

在印刷業和出版業發達的歐洲，劃一售價的問題是非常需要而迫切的，當時德國第一個有這機關，繼之成立者有法、荷、瑞典、挪威、西班牙等國，即如國基方定的芬蘭、波蘭、捷克斯拉夫等，也莫不有同樣的組織。

有許多國家，不但對本國書有這樣的限制，即外國書之銷售於本國境內者，亦莫不受同樣限制，此種規則，並不需政府來干涉，在書業內部，自有它完善的制裁機關，在形式上，出版家有一種團結，而書業有另一種團結，但事實上，在數種團體裏，這兩個機關是結合在一起的。所以假使一個書店私自減價出售，破壞行規之後，他所受到的處分，是停給回佣。這樣一來，所受到的打擊，足以使它停止營業。

捷克斯拉夫雖是一個新興的國家，但她却有一個完善的規約，其中內容，正如上面所說的一樣，這規則中有一部份條文是値得美國來摘取的，因為美國本身，在書業方面，抱的是放任主義，有些組織很不健全，該國書業規約上說：

「書業在各種立場上，必須有統一的計劃，不能和其他各業一樣散漫，譬如說：各業是可以由商人自己定出售價格的，但書業就不能够，書業必須在出版家指導之下，來進行貿易，出版家應堅強地訂定一統的價格，這種價格，祗有出版家本身才能變動它，各商家必須遵循，任何一種相違的事實，都不能存在，經過幾個實驗，知道祗要這一點就能包括一切，因為假如書商有一家違反這條文，私自定價出售，正當商家均蒙其害，結果受到痛苦的，決不是單獨違法的一商家，而是書商的全體。

在捷克斯拉夫施行這規約之後，尚未發現過違反的份子，出版家和書商都是很和平地攜手在正當的軌道上走着，互相獲得利益。」

「書業十誡」是捷克斯拉夫的書業規約中之一部份，其主要之點如下：

一、你是一個書商，當然是一個正當的商人。

二、你所出售的商品——書，是國家的寶貴財產之一。

三、你是著作家和人民的之間的媒介。

四、你應當自驕，你能選到一出售書籍的職業，因為書籍的愛好，是職業中最上等的。

五、你所掙得的錢，也許比別業為少，但是這是和文化接近的事業，負有重大的使命，能予人民以極好的影象。

六、各書的價格，必須維持，因為這是經過愼重的致慮和計算之後，才定下的。你必須贊助它。

七、你是一個商人，當然，每天在「競

爭」之下求生活，可是你應當時常記起「公平交易，」絕對地保持忠實。

這許多條文，就是我們的法律，有誰反對條文的，就不是忠實同志，希望各自奮勉着。」

英國書商，也和大陸各國一樣，在一八五二年左右，爭執得很厲害，當時書業和出版業的聯合會，對於給小同行的回佣，限制得很嚴厲。通常祇有一成。可是其中有一個 Bickers & Bush 公司，爲推廣營業計，回佣放長到二成，這椿事引起了許多同業的反感，它們認爲這足以破壞他們整個的團體，所以很有主張開除它們的，在這一個強烈的辯爭裏，牽涉到著名的文學家，如迭更司 Charles Dickens. 却潑包爾 Lord Chapbell 格蘭斯頓 William Gladstone 等。直到一八九〇年才發生了一種不二價的運動，（a net Price Agreement）首創其議的，是麥美倫圖書公司，（Macmillan）她看當時書業跌價之風大盛，實在太不像話，對於出版界的利益，一些保障也沒有，於是她提出數種新出的書，舉行一種淨的價格，換句話說，就是這本書的忠實價格，一些也不能減少的。過了數年之後，差不多凡是她所出的新書都有了一個，「淨價」，而購買的人，仍未衰落，這風氣既得了顯著的成功，便慢慢地廣播起來，直到各公司採用爲止。

一八九五年英愛書業聯合會（The Associated Booksellers of Great Britain & Ireland）成立後，第一條議決案便是批準淨的定價，這議決案引起了出版界的注意，以爲既然各書沒有折扣，則回佣亦應有更緊的調節，此時出版界尙無組織，但在這年十月間開過聯席會議後，覺得也有組織的必要，於是成立了一個英愛出版聯合會，（The Publishers Association of Great Britain and Ireland）裏面的會員，都是出版界的重要份子。

在一八九七年春間，這聯席會議開始辦公，而接受一切原則，一八九八年，出版業又召集會議，接受書業的提案而發揚光大之，書業也接受了統一的回佣，就是每先令中取兩辨士。同時允許維持這個數目。在這個當兒，著作人協會（Society of Authers）出來反對，表示不接受這個議案，因爲這議案一經實行，必定會剝奪書籍的銷路，於著作人很有不利。此時出版業明白表示他們是以著作人爲源泉的，他們不能放棄和著作人間的協調，一八九八年冬，書商也祇得屈服，放棄了原議。明年春，出版界接受了一切新書都賣淨價的提議，經過了一年的討論，在一八九九年正月，這計劃正式實現，從此英國書業便一律售實價，而出版界和書業方面，也因此有了正式的團結和制裁，不需要政府予以任何助力。

「實價的協定」至今稱好「書業的大憲章，」（The Magna Charta of the Book trade）奉爲書業的圭臬。可是在一九〇六——一九〇八之間，又起了厲害的競爭。當時倫敦泰晤士報組織了一個書籍俱樂部，是一個美國人河伯 Horace E. Hooper 所發起，其編纂由 Mudie 等任之，主持者爲大英百科全書派的傑克遜（Walter Jackson）及泰晤士報的股東。這個團體，因有其特殊的背景與流動的資金，可以大量生產，故能以低的價格賣出（Reduced price）不多時，這種低價的書籍，在市面上巨量的流通起來，震怒了「實價協定」的會員，而惹起一場很大的混戰，在兩年中，不曾休止，可是結果仍舊是折入「實價協定」之路。此後數年，什麼書都沒有回佣，直至最近，方才對於某種顧客有法定的半成至一成的回佣。

美國早年的書業史上，也曾一度鬧着統一售價運動。當時在書業聯合會的控制之下，書價有一個標準的規定。可是黃金時代不久過去，當一八九三年捲起了經濟恐慌的怒潮之後，書業也現出山窮水盡的境界。非把售價改變，不足以維持，所以在此時書業的混沌，可以說是空前未有的現象。當時文學書的通常定價，是一元五角。但事實上沒有一個顧客是肯付出這個數目的。他們總希望打一個折扣，在東部，打七五折是常見的事，甚至於每本只付一元〇八分。在西部比較好一點，但普通也有八折的回佣給與顧客。各書的進價，有時是八角一分，有時要八角五分。處於這種情形下，書商如單靠出賣新書，則非但掙不到錢，或者還會虧本，補救之道，只有兼營一些舊書，殘書，或文具等事業了。同時各百貨公司的售書部份也早因為書籍的無利可圖而放棄了，有許多僅賣一些低廉的版本來應應景，書業的衰落，可說到了極點。

一八九九年，英國實價運動成功的消息，傳到美國，使美國人受了極大的刺激，覺得也有推行實價運動的必要，一九〇〇年初，全國書業組成了美利堅書業聯合會（American Booksellers Association）繼之出版界也成立了美利堅出版業聯合會。（American Publishers Association）兩個團體的領袖，攜着手在一條戰線上進行統一售價的計劃。但在數年中，並未得到顯著的成功，因為書業中贊成這計劃的固很多，而取反對態度的同行也不少，雙方以紐約城為論爭的中心，在各不相讓地大鬥其法。

此時出版家用獨家經售的方式來處理這事情，凡受理者可以經售所有該出版公司版權的書，利用這權利，在版權律之下受到保護，在出版者的招貼紙上寫着下列的條文。

「凡一九〇二年二月以後出版的文學書，和五月以後出版的實價書，須一律遵守美利堅出版聯合會所定的統一價格。」

此時紐約的麥賽百貨公司（R. H. Macy & Company）標起主持正義維護權利旗幟而起來反對，一九〇二年，和美利堅出版聯合會正面衝突，出而阻止該條文的進行，結果雙方訴之法庭，第一審在紐約州法庭上，出版者獲得勝利，維持他們原來的權利，第二審在聯邦法庭，接受了休門提案，（Sherman Act）第三審在最高法院判決，以為出版家聯合起來是類乎一種束縛商業的結黨，所以勝利屬於麥賽公司，而獲得十四萬元的償金。

在這一個長期的鬥爭裏，書業仍有很大的進步，麥賽公司的主張，雖得法律的承認，但一般商店，已頗傾向於統一售價，而厭惡那顧客可以還價的老法，紐約的書商，雖因麥賽公司之勝利而仍得實行跌價，但書業聯合會行政委員會主席克拉克（William B. Clarke）會同了出版業聯合會，來指導同業在正當軌道上進行。

最高法院判決以後出版聯合會卽行解散直至一九二〇年，應時勢之需要再成立爲國民書籍出版聯合會（National Association of Book Publishers）

自此以後，這基礎站不穩固的跌價之風吹遍了全紐約州，更伸張至各部，首當其衝的，是菲拉特爾菲亞城，曾引起菲城許多書店緊時的情緒，但因有華納梅格商店的中流砥柱，這風氣尙不能很快地進展。當時紐約的跌價戰愈鬧愈兇，甚至於拿一角一分錢便可以買到一本現代文庫，（Modern Library）各書店都弄得筋疲力盡，方纔慢一的休止。可是當一般零售公約（Generol Retail Code）公佈後，又引起一場更大的混戰，因此在書業公約（Booksellers Code）公布時，不得不加入「維持定價」這一條，一九〇〇年出版業和書業攜手以來的第一個果實，至此方正式宣告成熟。

歐洲各國，澳洲聯邦，日本及我國兩大書店之紙張尺度標準

婁執中

紙張爲傳遞性靈，溝通文化之工具。社會文化前進不息，紙張之消耗量，亦與日俱增，故其尺度，必須有一定之標準，以減糜耗，而便實用。此種標準需要之迫切，自不待言。德國有鑒及此，首先釐訂各種日用紙張標準，各國亦繼起倣行。除本刊第一卷第三期已將德國紙張尺度標準譯登外，特再將波蘭、匈牙利、捷克、澳邦、日本及我國中華、商務兩書局所用紙張尺度標準，併行刊登，以資參考。查各國紙張尺度標準，有原則三：(一)折半定則，(二)相似定則，(三)公制定則，（各定則之意義，已詳述於本刊第三期「德國紙張尺度標準」一文中），又紙張尺度標準，係發端於德國，已如前述，故各國所規定之標準，俱以德國所規定者爲藍本，有完全相同者，如匈牙利、捷克是。有稍加更改者，如波蘭、日本是。波蘭紙張標準中之A組未去毛邊者及B組C組，俱與德國A.B.C.三組同，但無D組，多一已去毛邊之A組，較未去毛邊者略小，原張（即A組0號）之面積，均爲一平方公尺。日本紙張標準，分AB兩組，A組與德國同，原張面積，亦爲一平方公尺，B組則較德國B組稍大，其原張面積爲一・五平方公尺（德國B組0號面積爲一・四一四平方公尺）。澳邦紙張尺度標準，(一)(二)兩定則俱與其他各國同，但第(三)則非爲公制定則，而用英制度尺，蓋該邦係富於保守性之英人屬地故也。至我國商務、中華兩書局之刊物標準尺度，對於折半、相似兩定則，皆不具備，惟以該兩書店，係我國書業之巨擘，具悠久之歷史，特併搜集刊登，以供參照。

（接下表）

匈牙利及捷克國紙張標準尺度

(與德國同)

號數 \ 尺度 \ 組別	A組 標準制 公厘	A組 市用制 市寸	B組 標準制 公厘	B組 市用制 市寸
0	841×1189	25.2×35.7	1000×1414	30.0×42.4
1	594×841	17.8×25.2	707×1000	21.2×30.0
2	420×594	12.6×17.8	500×707	15.0×21.2
3	297×420	8.9×12.6	353×500	10.6×15.0
4	210×297	6.3× 8.9	250×353	7.5×10.6
5	148×210	4.4× 6.3	176×250	5.3× 7.5
6	105×148	3.2× 4.4	125×176	3.8× 5.3
7	74×105	2.2× 3.2	88×125	2.6× 3.8
8	52×74	1.6× 2.2	62×88	1.9× 2.6
9	37×52	1.1× 1.6	44×62	1.3× 1.9
10	26×37	0.8× 1.1	31×44	0.9× 1.3
11	18×26	0.5× 0.8	22×31	0.7× 0.9
12	13×18	0.4× 0.5	15×22	0.5× 0.7
13	9×13	0.3× 0.4	11×15	0.3× 0.5

號數 \ 尺度 \ 組別	C組 標準制 公厘	C組 市用制 市寸	D組 標準制 公厘	D組 市用制 市寸
0	917×1297	27.5×38.9	770×1090	23.1×32.7
1	648×917	19.4×27.5	545×770	16.4×23.1
2	458×648	13.7×19.4	385×545	11.6×16.4
3	324×458	9.7×13.7	272×385	8.2×11.6
4	229×324	6.9× 9.7	192×272	5.8× 8.2
5	162×229	4.9× 6.9	136×192	4.1× 5.8
6	114×162	3.4× 4.9	96×136	2.9× 4.1
7	81×114	2.4× 3.4	68×96	2.0× 2.9
8	57×81	1.7× 2.4	48×68	1.4× 2.0

波蘭紙張標準尺度

號數 \ 尺度 \ 組別	A組 未去毛邊者 標準制 公厘	A組 未去毛邊者 市用制 市寸	A組 已去毛邊者 標準制 公厘	A組 已去毛邊者 市用制 市寸
0	840×1189	25.2×35.7	836×1185	25.1×35.6
1	594×840	17.8×25.2	592×836	17.8×25.1
2	420×594	12.6×17.8	418×590	12.5×17.7
3	297×420	8.9×12.6	295×416	8.9×12.5
4	210×297	6.3× 8.9	208×293	6.2× 8.8
5	148×210	4.4× 6.3	146×206	4.4× 6.2
6	105×148	3.2× 4.4	103×144	3.1× 4.3
7	74×105	2.2× 3.2	72×101	2.2× 3.0
8	52×74	1.6× 2.2	50×70	1.5× 2.1
9	37×52	1.1× 1.6	35×50	1.1× 1.5
10	26×37	0.8× 1.1	24×35	0.7× 1.1
11	18×26	0.5× 0.8	16×24	0.5× 0.7
12	13×18	0.4× 0.5	11×16	0.3× 0.5
13	9×13	0.3× 0.4	7×11	0.2× 0.3

號數 \ 尺度 \ 用途 \ 組別	B組 包皮，信封，封面用紙 標準制 公厘	B組 市用制 市寸	C組 標準制 公厘	C組 市用制 市寸
0	1000×1414	30.0×42.4	917×1297	27.5×38.9
1	707×0000	21.2×30.0	648×917	19.4×27.5
2	500×707	15.0×21.2	458×648	13.7×19.4
3	353×500	10.6×15.0	324×458	9.7×13.7
4	250×353	7.5×10.6	229×324	6.9× 9.7
5	176×250	5.3× 7.5	162×229	4.9× 6.9
6	125×176	3.8× 5.3	114×162	3.4× 4.9
7	88×125	2.6× 3.8	81×114	2.4× 3.4
8	62×88	1.9× 2.6	57×81	1.7× 2.4

日本工業標準第九十二號(P類一號)

紙張之完成尺寸

日本紙張標準尺度(JesNo92P1)

組別 尺度 號	A組 標準制 公釐	A組 市用制 市寸	B組 標準制 公厘	B組 市用制 市寸
0	841×1189	25.2×35.7	1030×1456	30.9×43.7
1	594×841	17.8×25.2	728×1030	21.8×30.9
2	420×594	12.6×17.8	515×728	15.5×21.8
3	297×420	8.9×12.6	364×515	10.9×15.5
4	210×297	6.3×8.9	257×364	7.7×10.9
5	148×210	4.4×6.3	182×257	5.5×7.7
6	105×148	3.2×4.4	128×182	3.8×5.5
7	74×105	2.2×3.2	91×128	2.7×3.8
8	52×74	1.6×2.2	64×91	1.9×2.7
9	37×52	1.1×1.6	45×64	1.4×1.9
10	26×37	0.8×1.1	32×45	1.0×1.4
11	18×26	0.5×0.8	22×32	0.7×1.0
12	13×18	0.4×0.5	16×22	0.5×0.7

一、右表之規定，凡關於書籍、雜誌、證卷、事務用紙、製圖、書信等紙張之完成尺寸，均適用之。

二、若特別須用狹長紙條時，得將紙張按長方向二分之，四分之，等等，以資應用。

三、若紙張須裂下應用，例如用複寫簿，則裂下後紙片之尺寸，須爲完成尺寸。

四、在裝訂之書籍，其封面之尺寸，應爲完成尺寸。

五、紙張完成尺寸之公差，規定如下：

號數	公差
○號至五號	負一・五公厘
六號至十二號	負一公厘

六、原紙之大小標準，如下表：

主要用途	尺寸(公厘)	公差(公厘)
甲類第五號 書籍雜誌用	630×880	+6
乙類第六號 書籍雜誌用	770×1090	+6

備考：

一、寬度與長度之比爲1比√2，卽一比一・四一四二。

二、甲類第○號之面積約爲一平方公尺，乙類第○號之面積約爲一・五平方公尺。

澳洲聯邦商業標準第九號

製圖用紙張尺度(參看附圖)

所有標準紙張尺度

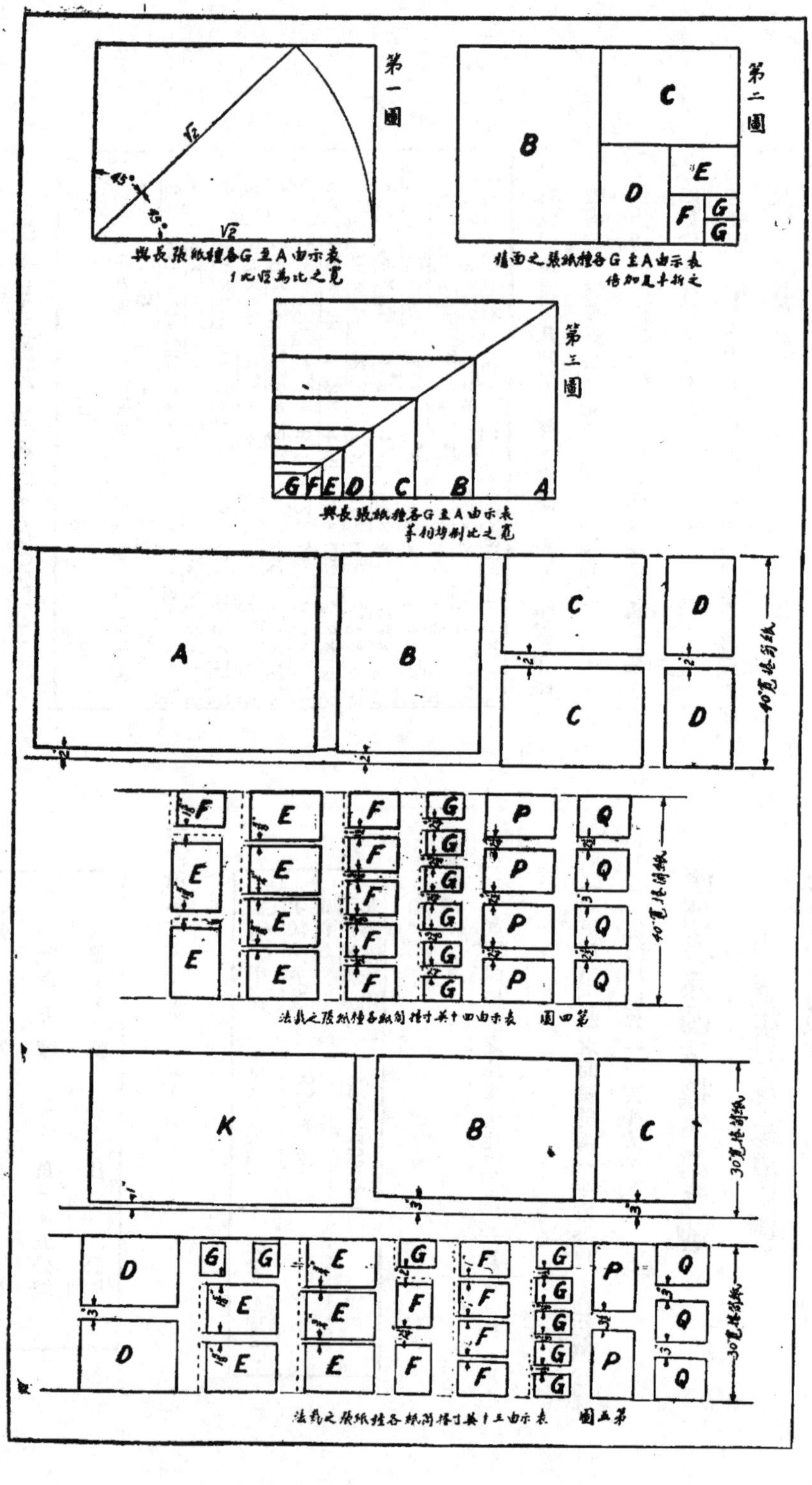

表示由A至G各種紙張長與寬之比為√2比1

表示由A至G各種紙張之面積之折半是加倍

表示由A至G各種紙張長與寬之比例均相等

第四圖 表示由四十英寸捲筒紙各種紙張之裁法

第五圖 表示由三十英寸捲筒紙各種紙張之裁法

中華書局刊物標準尺度

號數 \ 類別 尺度	本裝書版口尺寸				
	開數	英寸	標準制 公厘	市用制 市寸	與世界通用標準比較(以德國爲例)
1	大三開	16[illegible]$\times10$[illegible]	411×260	12.3×7.8	較A組3號略小
2	長三開	$14\times6\frac{1}{8}$	356×156	10.7×4.7	無相當者，約在C組4號及D組4號之間
3	二開	$11\frac{9}{16}\times10\frac{5}{16}$	394×262	8.8×7.9	約在C組4號及A組4號之間
4	二開	$11\frac{3}{8}\times7$	289×178	8.7×5.3	約在A組4號及B組5號之間
5	四開	$10\frac{1}{4}\times5\frac{5}{16}$	260×135	7.8×4.0	約在B組5號及C組5號之間
6	六開	$7\frac{3}{4}\times5\frac{1}{8}$	197×130	5.9×3.9	較D組5號稍小
7	八開	$6\frac{1}{2}\times4\frac{1}{4}$	165×108	5.0×3.2	約在C組6號及A組6號之間
8	九開	$7\times4\frac{1}{8}$	178×105	5.3×3.1	約與C組6號相等
9	十開	$6\times3\frac{13}{16}$	152×81	4.6×2.4	較D組6號略小
10	十二開	$5\frac{1}{4}\times3\frac{7}{8}$	133×98	4.0×3.0	較D組[illegible]號略大

中華書局刊物標準尺度

號數 \ 類別 尺度	洋裝書版口尺寸				
	開數	英寸	制標準 公厘	市用制 市寸	與世界通用標準比較(以德國爲例)
1	十六開	$10\frac{1}{4}\times7\frac{1}{2}$	260×19	7.8×5.7	較D組4號略大
2	十八開	$9\frac{3}{4}\times6\frac{7}{8}$	248×175	7.4×5.2	較B組5號略小
3	二十三開(又名四開)	$8\frac{3}{4}\times6$	222×152	6.7×4.6	約在C組5號及A組5號之間
4	二十五開	$8\times5\frac{3}{4}$	203×146	6.1×4.4	約在A組5號及D組5號之間
5	中學書大六開	$8\times5\frac{1}{2}$	203×140	6.1×4.2	同上
6	三十二開(又名六開)	$7\frac{1}{2}\times5\frac{1}{8}$	191×130	5.7×3.9	較D組5號略小
7	四十八開	$6\frac{3}{4}\times3\frac{3}{4}$	171×[illegible]	5.1×2.9	較C組6號略小
8	三十六開	$6\frac{7}{8}\times5$	175×127	5.2×3.8	約與B組6號相等
9	四十六開	$6\times4\frac{5}{16}$	152×110	4.6×3.3	約在C組6號及A組6號之間
10	五十開	$5\frac{3}{4}\times4\frac{1}{4}$	146×108	4.4×3.2	約與A組6號相等
11	六十四開	$5\frac{1}{8}\times3\frac{3}{4}$	130×95	3.9×2.9	較D組6號略小
12	七十二開	$5\times3\frac{1}{2}$	127×89	3.8×2.7	約與B組7號相等
13	九十開	$4\frac{1}{2}\times3$	114×76	3.4×2.3	較C組7號略小
14	一百廿八開	$3\frac{3}{4}\times2\frac{9}{16}$	95×65	2.9×2.0	較D組7號略小

商務印書館刊物標準尺度

號數 \ 類別 尺度	華裝書標準版式			洋裝書標準版式		
	標準制(公厘)	市用制(市寸)	與世界通用標準比較(以德國爲例)	標準制(公厘)	市用制(市寸)	與世界通用標準比較(以德國爲例)
1	280×395	8.4×11.9	較D組3號稍大	230×305	6.9×9.2	較C組4號稍小
2	380×297	11.4×8.9	約在A組3號及D組3號之間	190×270	5.7×8.1	較D組4號略小
3	223×330	6.7×9.9	較C組4號略小	1[illegible]6×230	4.7×6.9	較C組5號略小
4	198×280	5.9×8.4	較D組4號稍大	130×191	3.9×5.7	較D號5號略小
5	178×305	5.3×9.2	約在A組4號及D組4號之間	117×175	3.5×5.3	約在B組6號及C組6號之間
6	152×260	4.6×7.8	較B組5稍小	95×172	2.9×5.2	約在A組6號及C組6號之間
7	134+198	4.0×5.9	較D組5號略大	105×153	3.2×4.6	較A組6號略大
8	105×170	3.2×5.1	較C組6略小	76×128	2.3×3.8	約在B組7號及C組7號之間
9	…………	…………	…………………………	40×65	1.2×2.0	較B組9號略小

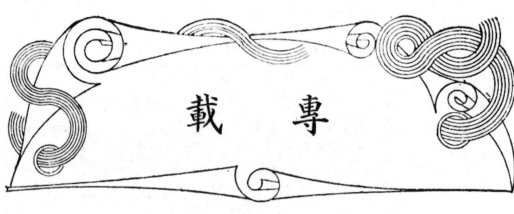

專載

國際出版界之展望

江源珉

出版事業之進步，為文化發達之表證。近人之言國勢者，往往注目於經濟政治與軍備；實則其根本勢力常以文化為策動，亦當以文化為正鵠。今日世界强國如英法德意俄日諸國，其工商業固發達，而文化事業亦無不超出於各國之上。且近年對於出版圖書，每以國家力量統制協助國內學術團體復相率倡導，使著作者出版者與閱讀者連環供應。並以有組織，有主義之讀書運動，蔚成適應時代之學風。茲據白魯納氏國際聯盟報告書中之統計，幷參以近聞，縷述於左，藉明國際出版界之現況，為我國文化事業之鞭策，抑亦我讀書青年應有之知識也。

蘇俄　世界各國出版率德國向佔首位。近則蘇俄以五年計劃成功，邁步猛進，一切產業經濟與出版業，無不壓倒列强，躍居世界第一位。計一九二九年共出書二萬五千四百七十四種，一九三〇年共出書三萬四千一百九十五種，一九三一年復增至三萬八千四百零三種，一九三二年雖稍遜，然仍在三萬六千種之譜，為世界出版事業最發達之國家。其國立出版局規模之宏大，組織之完密，直非其他各國所能項比。且縱覯一九二七年至一九三一年出版各書，均以科學（二七、四六三）數學（二、八〇一）及語文學（四、六一三）爲最多，佔出版總量百分之八十。可見蘇俄雖以無產階級專政，而於研究學術之熱忱，仍在雄飛猛進中。且該國出版物定價特低，與一般以營利爲目的之企業不同。普通精印之小說每册祇售三盧布，故平民皆得購讀之便利。一九二九年出版品貿易額達二萬萬三千萬盧布，一九三〇年達四萬萬二千萬盧布，一九三一年達五萬萬盧布。一九三五年國立出版局有於年內譯印俄文書籍二千四百萬紙，卽三萬萬八千四百頁之計劃，實超過上年所印外國文學書之五倍。惟有人認蘇俄出版物中參入大宗之宣傳小册，其統計往往過於誇張；然吾人在反證未確實以前，終以第一把交椅讓其高坐耳。

日本　日本以蕞爾小國，維新四十年，出版量竟蒸蒸日上，遠駕英美德法各國之端，雄居世界第二位。其單行本產量特多，且推陳出新，翻印迅速，而校勘之勤，裝璜之美，定價之廉，尤爲各國學人所稱道。總計一九二二年出書共一萬二千一百零四種，至一九三四年竟達二萬六千三百三十一種，十年來計增加二倍而有餘。且細檢日本近年出書之種類，無一不與其政治策動相呼應。試就一九三三年與一九三四年出書量比較，其中增加最多者爲產業、兵事、工學、交通、地理等類，而一般文藝、音樂等書則日減，前後竟有相差至三十倍至二三倍者。茲舉一九三三年與一九三四年增減較烈之書數於左：

	（一九三三年）	（一九三四年）	
文學	二、六五二	二、四三一	減二二一

社會	九九〇	八三二	減一五八
經濟	一、一二八	一、〇〇五	減一二三
產業	四三五	一、一六六	增七三一
哲學	五六四	九八五	增四二一
宗教	一、〇四五	一、三三九	增二四九
工學	三八七	七二四	增三三七
交通	七三	一五一	增七八
地誌	七〇八	九八六	增一七四
紀行	四七	七七	增三〇

其次，報章雜誌之產量亦復可驚。據出版法發行者一九二一年有二萬一千零九十七種，一九三〇年有三萬九千二百三十九種。報紙於一九二一年為三千七百八十種，至一九三〇年則達一萬零一百三十種。十年間均激增二倍至三倍。雜誌銷售數就全國發行最有力之八十三種雜誌統計，上年實達六千二百十六萬份。婦女雜誌亦銷一千九百七十五萬份，少年少女雜誌銷九百七十四萬份，兒童雜誌銷七百四十八萬份。（一九二九年達九百四十萬份）報紙則屢以百萬份計，故有「人日一書一報」之訓。

德國　德國產書量向列前茅，戰後愈加掙扎，終未能恢復舊時榮譽，然以人口與土地比例言之，日俄當望而却步。近年國家財政困窘，事事緊縮，獨於文化事業沉着進展，不稍示弱，其出書素以精審著名。凡醫學數理工程等著，常去腐生新，爲學術界之靈蹟。近如優生學方面之研究，尤足以轉移世界之視聽。且有足徵文化上之異態者：德國上年排斥猶太人，反對宗教，禁止馬克斯主義，厲行文化統制；而文學宗教及社會科學書籍產量仍豐。總計一九三一年出書二萬零七十四種，茲舉其千種以上之書數於左：

文學	三、四二二	宗教	二、一三四
學校講義	一、六五二	社會經濟與統計	一、四二一
法律	一、四〇四	少年讀物	一、三六五
工業	一、三二九	數學及自然科學	一、〇七五
醫學	一、一九八	政治行政	一、〇六一

其他　每年出書達萬種以上者，爲英法意美諸國；而荷蘭以海底小國，出書亦達萬種，有時且凌駕美意諸國之上。一九三二年間出版新書種數，據王雲五氏「出版與國勢」一文中所述，英國約一萬五千種，法國一萬五千餘種，意國一萬二千種，美國九千餘種。其中英美兩國統計內，官書及小冊子均已除外，實際出書當不止此。白魯氏一九三〇年與一九三一年之統計如左：

	一九三一年	一九三〇年
英國	一四、六八八	一五、三九三
法國	一四、〇五五	一四、三七三
意國	一二、一九三	一一、九四九

美國	一〇、三〇七	一〇、〇二七
荷蘭	一一、三一三	一二、二七四

我國出版物向無正確之統計。據上年內政部註冊各書計算，僅達七百餘種。據王雲五先生估計亦不過二千五百六十餘種。試與以上所述各國比較，則僅及其八九分之一。且出版數應與人口數連合比較。我國人口約五倍於日本，則以上年日本出書二萬六千種相比，實不及其五十分之一。德國人口不及我國七分之一，而出版物多於我國之九倍，則又不及其六十分之一。此外與英美俄法意任何一國比較，至多亦不過及其二十分之一，少則尚不及其四十分之一。至圖書館數，滿萬冊以上者，恐渺不可得。出版物之性質，就上年申報登有廣告者計算約一千七百七十六種分析之，社會科學居最多數，佔全體百分之三十六，文學次之，佔百分之十九，應用技術又次之，佔百分之十三，史地佔百分之九，哲學佔百分之六，藝術佔百分之五，自然科學及語文學各佔百分之四，總數則佔百分之三，宗教佔百分之一。除應用技術佔率較優，足徵國人注意於生產實用外，餘則仍趨向於空疏之文藝方面。近年國難日亟，而社會科學中之軍事書籍不過六七種，僅及全部出版物千分之三，以視日本動以五百三百激增，足見國人輕重之失宜矣。至於競印古籍，肆言幽默小品，識者譏爲病態，可勿具論。

國外出版家出版方針之研究

（士諤）

近年以來，因爲業務上的關係，常常和國外出版家發生接觸：有時從來信的字裏行間；或是和他們來華代表談話的結果，往往發見各種出版家進行方針，頗有不盡相同的地方。其中可以供我們參考的，亦頗不少。閒時很想拉雜寫出，湊湊「同舟」的篇幅，總是未能成爲事實。朱以忠先生近來極力鼓勵我；并且答應替本欄寫文章，因此我的胆子加大，預備從本期起，不斷的登載點雜碎小品，供同仁的消遣。我自己亦想加註點意見，不過見仁見智，彼此不同，我並不希望讀者一定要和我抱同一的見解。此外要聲明的，就是本欄的內容，並非限於出版方針；亦並沒有一貫的系統，有時某一出版家的經營方法，某一種書的推銷方法，出版者的小傳等等，凡是比較有興趣的問題，都想隨時加入。同仁賜稿，極其歡迎！

暢銷的書售價應否減低？

林語堂先生的近著：「我們的國家和我們的人民」 My Country and My People，去年十月，在美國的 Reynal and Hitchcock 公司出版。此書出版以後，不但在國內銷路極廣；在歐美的銷數，更是風行一時。我們雖是成千整百的發出定單，缺貨的機會，仍舊是無法免除。我敢說：關於中國問題書籍銷數之大，此書要推首屈一指了。

因爲本書銷路之廣，所以我們和國外出版家的通信，亦比較的多，下面是和本問題有關的信兩封：

第一封信—美國出版家東方代表來信。

執事先生：

剛纔接到英國的出版家 Wm. Heinemann 公司的通知，知道他們行將出版的林著「我們的國家和我們的人民，」定價是七先令，六辨士。爲了維持我們在遠東的營業起見，我們代表的公司 Reynal and Hitchcock 決定，自即日起，將定價美金三元，改爲折實美金一元。（按該書初出版時，售價爲美金三元，代理人另給折扣；此次改爲一元，係作實價計算，不再另給折扣）。貴處接到英國版本後，所有留存的美國版本，都可照新開價目計算，請將存貨多少，示知爲盼！

×××上言

一九三五年十一月十一日

英國 William Heinemann Ltd.,來信

貴公司的添單，囑寄林著，（我們的國家與我們的人民）……本，業已收到，謝謝！昨天已經有電報通知：該書……本，已於〇月〇日發出，想已接洽？

這部書的銷路極好，因此我們的成本，亦得以減輕。現在再版出書，定價可以減爲每本四先令，六辨士。（以前是七先令六辨士。）經此次減低價格以後，希望銷路能格外增加，添貨亦能愈爲踴躍！

×××上言

二月十四日

在上面短短的兩封信裏面，我們可以發見兩個問題：第一：是競爭的激烈。英國版本定價較低，美國的出版家，便跌價對抗。現在英國出版家可將定價減低，美國方面，不日或將再行減低價格，亦未可知。其次：是英國出版家的售價問題。因爲銷路增加，成本減少，乃將售價亦同樣減低，此種方針，是否確當？乃是我們現在所要研究的。

我以爲 William Heinemann 公司的方針，頗合乎推銷原理，而又不背經濟的原則。我們大家都知道，社會上有所謂上，中，下，三種階級的分別：上等社會所應用的商品，中下階級，大都無力購買；反之，中下階段所樂用的貨物，往往因價格便宜的緣故，雖是價廉物美，上等社會的人士，仍不屑一顧。其實嚴格分析起來，社會上的階段，何止僅僅上，中，下三級而已。我們又可將各種階級，分爲上上，上中，中中，中下，下下的五類；再嚴格一點，還可分得格外詳細，以至於十種或十種以上的階級。從推銷的立場上說：我們應注重那一種階級，應該預先詳細的分析，然後對症發藥，方不致盲人瞎馬，耗費許多無謂的宣傳。因爲各種階級購買力的不同，所以七先令六辨士的一本書，假如止有「上上」階段的人士，有力購買，那麼，上中階級起，至下下階級止，購買的機會，甚少甚少。從推銷者的眼光看來，便是等於一大塊的沃土，未曾開墾，極其可惜。但是要加以開墾，勢非減價不可。減爲四先令六辨士以後，雖則不敢說其餘幾個階段的人士，完全可以變成顧客；至少在「上中」和「中中」這兩個階段裏，是極有把握的。於是該公司的營業，便有增加一倍以上的希望，多中取利，非常合算。復次：William Heinemann 公司爲對付他的同業美國出版家 Reynal and Hitchcock 起見，亦以跌價爲宜。惟有跌價，可以使得美國的版本，無法向英國或是歐洲一帶進攻；甚至海外的市場，英國亦得以染指。（美國的版本，比英國先出）。

有人以爲英國出版家減低售價，實係不智。這本書的本身受人歡迎，乃是能否推銷的根本條件，假如仍照七先令六辨士的售價，豈非可以多賺一些錢，這當然有相當的理由，我們姑且將有競爭的價格，擱置不談。事實上就是獨占價格 Monoply price ，亦不一定是最高的價格，因爲極高的價格，容易招致替代品的形成；和各方面的反感，所以獨占者往往將他出品的售價，定得頗爲適中：一方面防止替代品有發生的可能；他方面不致使顧客發生反感，不致使一般人感覺到有故意抬高價格的不良影響。獨占者的定價，尚且不敢定得太高；何況彼此有競爭的書籍呢？

可是話又得說回來。「方針」這兩個字，究竟比較得空洞一點。同是一樣方針：在甲公司施行頗著成效；而乙公司依樣葫蘆，却不見得一定成功。這其間關係複雜，其他許多的因子，多和決定方針有關。如何詳細分析這許多有關的因子，權其輕重，然後用作依據，來確立一定的方針，方能處於不敗的地位。

歐洲的出版界

馬耳

自從希特勒上了台以後，第一次大戰後在歐洲產生的所謂『民主』政治根本起了動搖。一般政論家在他們的演說辭中或宣言中所謂的『言論自由』和『出版自由』也多少受到了種種限制。各國限制的程度，視該國在近代歐洲政治漩渦中所處的地位而定。

在理論上還能談到『出版』和『言論』自由的，恐怕只有北歐的幾個小國了。這幾個國家都沒有出版檢查制度的存在。這原因大概是因為這幾個國家現在跟歐洲大陸上的政治動態，除芬蘭以外，目前尚無多大密切的聯系。同時在經濟上，牠們都是小康合作社式的社會，產生不了獨裁者，也產生不了大的要殖民地的資本家。因之在出版界方面還談不到有計劃的『統制』或『新聞托拉斯』一類的東西。

在北歐幾個國家中，情形比較最好的，恐怕要算挪威了。牠是北極海中的一個半島，經濟上可以獨立，在政治方面也遠離了歐洲；更值得慶幸的是牠國內沒有『少數民族』，所以牠的內政外交可以說得上『安定』，因之出版界也比較地有『自由』。

挪威人是一羣漁夫，伐木者和種田佬。因為地理上處在寒帶，這些人的性格就變得非常冷靜，因之讀書的味口也和別國人大不相同。除了他們本國的作家如別爾生（Bjorsen）等人的作品以外，他們很喜歡讀性格與他們相像的外國作家的作品，因之翻譯的產量頗多。美國野性的呼號的作者傑克倫敦的作品，據說在挪威銷行得非常廣。同時挪威的出版家並不是無計劃地亂出書。每種書大概以『叢書』的名目出現。先定好叢書的名字，於是派人到四鄉村鎮去徵求預約。預約齊了再出書。有許人專門做徵求預約的生意。

至於挪威的鄰國瑞典就有點不同了。地理上瑞典接近了歐陸，尤其是德國；經濟上瑞典國內有百年以上的和平，產業非常發達，因之也就有幾個像金融資本家那樣的富翁，如火柴大王等，是出版界就暗中被他們操縱。比較進步的作品很難在瑞典出版。一般進步的年青作家，只有在芬蘭少數瑞典民族中尋讀者。所以好的瑞典書籍都是在芬蘭出版的。

一般通俗讀物，趣味小說之類的東西，瑞典本身的產量非常少。而瑞典普通教育非常發達，因之讀這類書的人也非常多。翻譯在瑞典就非常興盛。以前從德文譯出的東西非常多。近年來大概因為英美電影在瑞典流行的影響，英文作品在瑞典非常普遍。英美趣味小說作家中，賽珍珠的作品全部是被翻譯了的。

瑞典的鄰國丹麥的情形可就不同了。在這兒政府是直接干涉出版界的。丹麥和德國接壤，南部還有一部份德國『少數民族』。在於今希特勒大吹『大日爾曼主義』的這個世界，丹麥政府簡直是坐臥不安，生怕鬧出一點亂子。所以政府就得不時請出版家和雜誌編輯人與政府『合作』。『合作』的結果就只有大量出法國流行的那種趣味小說和荷蘭流行的『婦人小說』那類東西。約翰·根室的歐洲的內幕（Inside Europe）一書及 Insanity Fair 一書在丹麥是有翻譯了，但比這類書再進步一點的東西就不能出版，甚至於連原文都買不到。

芬蘭在出版界方面的情形是比較好的；在數量方面尤其是驚人。這大概是因為牠國內秩序安定，教育普遍所致。出版書籍的內容跟瑞典的情形差不多。因為跟德國有傳統的友好的關係（德人曾幫助芬蘭人為獨立而戰爭）德文書在芬蘭特別銷行。同時德國『雜民文化人』在芬蘭是站不住脚的，由此可知德國和芬蘭『文化合作』的程度。再因為和俄國接壤，同時芬蘭有一個時期曾為俄國屬地，所以舊俄文學在芬蘭頗有傳統，在現在還有相當影響。芬蘭京城的 Akateminen Kirjakanppa 書店，其規模之大，在歐洲據說是沒有那一家能及得牠的。

在『出版自由』的國家和獨裁國之間，如波羅的海，中歐及巴爾幹半島上的那些小國，出版界的情形說來頗為可憐。在第一次大戰前，牠們都是各帝國主義的屬地，談不上文化。大戰後，牠們獨立了，但又未能正常的發展。人民大都是不識字的農夫，讀書的事根本談不到。

愛沙尼亞在名義上是沒有出版檢查制度存在的。在匈牙利有出版檢查所，但因為出版的東西並不多，所以施行也不力。希臘和愛沙尼亞在文化上現在還是大都受英國影響的，尤其是在後者，英文非常普遍。政府並拿出許多錢來，補助英文的出版物。匈牙利和保加利亞，是受德國的影響，尤其是前者。第一次大戰前匈牙利是奧匈帝國的一部份，德文是那時的公用語。現在德文的勢力還大，在匈牙利現在流行的讀物，德文的比匈牙利文的多。至於羅斯拉夫，則是在民主和獨裁兩個陣線之中搖擺。政府是戰戰兢兢，不敢得罪任何一方。對於出版界，政府也是要求『合作』。所以出版的東西，以古典和消閒性質的東西爲多。此外的東西則多是合乎政府宣傳目的的作品。

至於集權國家，出版界的情形可以不難想像得出來。意大利自從墨索里尼上台以後，好的作家都逃亡了。市上所流行的言論，無非是墨氏及其僚屬的意見。德國也沒有兩樣。西班牙是內戰剛剛結束，一切都破壞了。好的作家和新聞記者逃亡了不必說，就是法西斯的學者，也還需時日才生長得出來。現在只談談德國的出版界情形，由此可概其餘。

德國自希特勒上台以後，一九三三年十月就成立了一個『文化部』(Reich Chamber of Culture)。由戈倍爾爲部長。一切出版的稿子，都須經過此部通過。因之市上流行的一般東西，除了『我的奮鬥』以外，便是『坦克在戰爭中』，或是『我怎樣加入海軍的』一類書籍。小說也無非是描寫國社黨員的生活，猶太人的卑污，年青人踴躍加入國社黨那類的故事。這類書除國社黨員以外，大概是沒有其他的讀者。所以出這類書的書店就大折其本。柏林一家叫做Eher Verlag的書店，是由國社黨津貼的，然而現在據說弄得不能維持。

但是德國的人民是需要書讀的，而一般出版家也得繼續他們的出版。在無辦法中，他們想法出不關目前政治的書，如自然科學的故事等類，或是歷史小說，或是經濟、地理一類的書，而無明顯的政治宣傳性質者。前不久比克勒伯爵(Count Pueckler)寫了一部關於英國的書，叫做『英國現狀』(How Strorge Is England)立刻成爲一本銷路最好的書籍。由此可知，德國人民是怎樣渴望知道德國以外的事了。近年來因爲國外讀者對於德國書籍的需求依然甚大，有許多出版家並且在暗地裏出版國社黨所禁止的書籍，而且還秘密將大量運往外國去。至於許多流亡的德國文化人，在國外出版的書籍和雜誌，其數目也不小。

此外，幾個民主國家，即是擁有海外殖民地的幾個資本主義國家，如英國、法國、荷蘭、比利時等，出版還有相當的『自由』。這大概是因爲牠們有歷史的立憲政體(Constitional Government)同時資本家要在野控制政府，他們的說客(如國會議員之類的東西)也就不得不口口聲聲地喊『德謨克拉西』的原故，既是『德謨克拉西』一般人的『言論』，政府當然是不好干涉。

情形最好的，當然要算英國。在理論上『言論』和『出版』是有絕對的自由，誰都無權干涉。除了是『妨害風化』的書籍以外，一般的出版物大概是很少遭受『禁止』處分的。至於作家因爲文章而被捕入獄的事則更不多。在過去張伯倫先生走錯了路，一般所謂自由主義的人都羣起而攻之；但政府是擁護張伯倫政策的，可是政府並不對於這種言論加以『取締』。最近歐戰起了，英國政府據說在開始『統制』言論。但本年九月十號的『新政治家』(New Statesman and The Nation)雜誌上，還發表了許多人如 Haldane 教授，尤特來(日本的沈足的著者)John Strachy 等人攻擊張伯倫而爲蘇聯辯護的文章。不過戰爭如果拖長下去，將來的情形則可難說了。

法國在戰前『言論』和『出版』的確是有相當自由的。許多左翼或是右翼的書籍和雜誌都可自由地出版。而且許多政治意見和政府相反的人還可公開演講，號召他們自己的羣衆。不過現在的情形可不同了。政府在十一月開成立了一個出版檢查處，一切出版的書籍都得把校樣送去檢查，內容稍爲有點『靠不住』就不得出版。前幾天政府還解散了法國共產黨，出版左翼的書籍就成了罪犯。這次戰爭是『反法西斯』的，但人們採取了『法西斯』同一方向的統制方法，頗爲有趣。

荷蘭素來是一個『中立』的國家，地處在低濕的海邊，平時跟歐陸的政治風潮不生多大關係。在出版方面，政府還是採取比較放任的態度，幾乎無論何種傾向的出版物皆可出版。同時在荷蘭外國政治流亡者或文化難民特別多。有許多在歐洲不能出版的東西，在荷蘭都可出版，比如多瑪士·曼(Thomas Mann)的兒子以前就在荷蘭編一個反法西斯的德文文學雜誌。不過現在歐戰起了，德國頗有取荷蘭進攻法國的可能。荷蘭這種『出版自由』能維持多久，則眞是成爲問題的事。

至於比國，牠自己的出版物，並不怎樣特別興盛。市上所流行的東西許多都是荷蘭和法國的進口品。這原故大概是因爲比國人講兩種話，一爲荷蘭語，一爲法文。荷蘭人和法國人的讀書趣味，常影響到比國人的讀書趣味；因之比國人所要求的讀物，亦即荷蘭人或法人所要求的讀物。所以荷蘭和法國的出版界常能和比國的讀者發生聯繫。在比國沒有出版檢查制度，『言論』是可以說得上『自由』的。比國在地形上是夾在德國和法國之間。在這次歐戰中是否會被牽連，則頗費人思索。

至於蘇聯，則出版規模非常廣大，而出版界與讀者之關係亦跟歐陸各國迴異，非數語可以講完，在此不提。

觀歐洲各國，因戰爭一天天地擴大，一天天地尖銳化，出版事業各在動盪之中。所謂『出版自由』，這類名詞，也一天天地聲調降低起來。眞正的『出版自由』，不僅要等待出版家的爭取，而還等待作家本身的奮鬥。

美国

出版家經驗談

張鶴羣譯

原文載於本年一月號的 Forum 雜誌，著者 Lowell Brenlano 曾擔任過美國 Brentano，出版公司的編版部長十五年，對於出版界的經驗異常豐富。本文所記是他與山格夫人，蕭伯納和慕亞接洽稿子的經過情形，讀之頗饒趣味。

出版那種事業，我們稱它爲一種商業可以，稱它爲事業也可以，稱它爲職業也可以，稱它爲一種玩意兒也未始不可，這是要看解釋它的人之旨趣怎樣而定的。不過，就我們多年從事於出版出版事業者而論，總注重在它商業的方面。在我們的意識中，總覺得我們所幹的一種事業，以牟利爲主要目的的。但是，一個人賺錢，即有另一個人喫虧。我在過去十五年中，擔任勃倫塔諾（Brentano）公司出版部長，就漸漸地相信喫出版事業之虧的，不知有多少人。我現在已改就了與出版事業有關係的另種行業，且化去一天例假的光陰，把我過去與著作家接觸的經驗，就記憶所及，寫一點下來。

人們對於著作那件事，有許多謬誤的思想。差不多每一個人（至少對我覺得如此）都高興著作；差不多每一個人似乎覺得他的一生中有許多事情值得寫述出來。在我碰見過的許多未來作家中，有一大部分在意思間總像說，只有出版家的惡意和傻氣，不許他們擔任這種輕鬆而愉快的工作，和發財的機會。在一般人的心理，也似乎有着一種固定的觀念，認爲一個人若要出名，便得弄一本書來出版一下。

在出版家方面，的確也用了很多的光陰，時間，和精力，去尋覓新進的作家，和審閱沒人請教的稿子，希望有若干部好的著作發現。一旦發見了一部好的著作，那他最快樂也沒有了。須知出版家的快樂，莫大於憑他的直覺，經驗，聰明，和運氣，在許許多多無名作家的稿子中，選中了一部將來能在文學史裏站得住地位的作品。

一個新進作家一旦出了名，而且他的書有了相當銷路，我們不必考慮，就認爲接受他的稿子有莫大利益。可是困難在於已享盛名，又兼其著作有暢銷可能的作家，爲數究竟極少。出版家一次得到出版了他們的著作，就須用盡心思保持他與我們繼續不斷的訂立出版合同。如果彼此因爲發生齟齬而破約了，或另有一家同行把那個作家從他原來的出版家那裏拉了過去，那末，唯一的補救辦法是出以特大的稿費。特別大的稿費在這種情形之下，要比了出版家任何容量的腦力重要得多。有個著名的出版家，一次出以滑稽的語調說道：「收買稿子好比是買香煙一樣，如果你有錢的話，你就買舶來品土爾其香煙；如果你沒錢的話，你就捲你自己的煙捲。」我們出版家，無論出於自願，或爲情勢所迫，大多數總願捲我們自己的煙捲。

所以，無論著作者用什麼好方法去誘勸出版家收買他們的著作，都屬無效的。提出稿子中的精采部分若干頁，用漿水糊黏好，或用橡皮帶紮好了送到出版家那裏去，過後再時常到出版家那裏去用種種圓到的問題探聽他有沒有看過他的稿子——這些都是勞而無功的。凡比較著名的書店，對於送進來的稿子，都會加以一番忠實的考慮。

作家須知出版家的種類很多，猶如醫學家裏有好多種專家一樣。略舉之，有聖書出版社；有專門出版科學書，醫學書，和教科書的書店；有編纂字典和百科全書的書店；也有專門出套頭預約書的書店。不過本文所要講的是單指出版普通書的書店。這種書店出版的書關於各種學術都有，但以適合一般人的需要爲原則，不出版任何專門書。凡小說，詩歌，戲劇，傳記，兒童讀物，及關於社會，經濟，哲學，心理問題，只要出於權威作家手筆而不近於專門書籍，在他們的印書架上一切都有。不過，就是出版普通的書店．在這樣廣泛的範圍內，也特別注重於若干種書籍。有的書店以出版遊記著名，有的以出版兒童讀物著名，也有的以出版小說戲劇著名。一個書店對於出版某種書籍有過幾次的成功，以後的興趣也就自然而然的偏向於這種書了。這就是出版家在無意與有意間所定的出版政策，也就是爲什麼有許多稿子未經讀過就退回來的原因之一。凡是一個有經驗的出版家，差不多都能夠於一望之間告訴你一部書他是否要收買。是故，一部書稿的迅速地被退還，對於這部稿子的內容是無損益的，只不過證明它是送錯了門途罷了。

詳細的說來，假如你寫了一本海上的故事，走到一個普通出版家那裏去而被拒絕了。這原因有兩種；或者這出版家在今年春季或秋季的出版政策中，已經決定只出八種海上故事，不再需要第九種了。或者他已經有了二三種，其餘的又都已經與別的作家特約好，所以不再需要你的稿子。那怕你的故事結構是完全兩樣的，那出版家也要根據了婦女愛好新花樣的同一原則而拒絕你的，婦女們常常有了一件紅的衣服，還要買一件綠的青的，或黃的。所以在這種地方，一個出版家的拒絕你，對於大作的價值是並無損益的，只不過表示出版家暫時不需要像大作那樣的稿子罷了。

一本書一旦給出版家選來出版了，人們總以爲這種選擇是根據出版家的主觀的。其實事實並不這樣。有許多時候，出版家選中的書與他的嗜好是絕對相反的。就是以我個人而論，我曾經收到許多攻擊我的信。有的攻擊我出版了反對美國的書，但也有攻擊我出版了國家主義的書。有的攻擊我出版了反對舊教的書，但也有攻擊我出版了左視舊教的書。有的人說我是過激份子，但也有人說我是守舊派。其實出版家對於讀者所能擔保的，只是最低限度的一點文學手腕和措辭上的一點可靠性。任何出版家都不能做某種主義的宣傳員，也不能做壓制某種主義的檢查官；這照我們的意思，簡直是不應該的。

我自己只有一次，因爲感情作用，違背了我自己的信條．出版了一本帶有宣傳色彩的書。這本書便是提倡節制生育的山格夫人所著的婦女與新人種當時山格夫人經人介紹與我認識的時候，她尚在未露頭角的時代。自一九一八到一九二〇年之間，節制生育被人認爲過激思想，在守舊派的口頭上，連提也不提起的。而我呢，一眼看見山格夫人那副描條的身段和深思的容貌，又像一隻受傷的老虎所有的勇敢，便給她迷住了。那時，我的老婆當着我的助理編輯，經我與我的老婆費了幾許口舌，才把冬烘腦子的董事們說轉過來，答允我與山格夫人訂了一張出版合同。

山格夫人的書出版之後，備受各界的攻擊，可是銷數却是很多，因此她獲得了一筆巨大的版稅。雖然，這筆巨大的版稅不曾改變得山格夫人的生活狀況。她繼續地住在一條陋巷中的一個小公寓裏，繼續地喫得很省很少。直到今天，我還擔憂着她不要餓死了呢。她很愛惜光陰，也很愛惜金錢，她自己所有的一點積蓄，差不多完全用注設立節育指導所和宣傳工作上面。她在這許多事情上面，不但犧牲了她的金錢，犧牲了她的健康，甚且幾乎犧牲了她的生命。

後來，山格夫人和一個有錢的商人結了婚，她的活動也就漸漸地消沈了。我又替她出版了兩本書，可是銷路都不及第一本來得大，原因在這兩本書的內容都不及第一本的新奇，而且又偏重於學理方面，不能給人以實際的節育知識。不過山格夫人却還努力於推廣她的學理，在報紙上我們差不多每天仍可以看到關於她活動的消息。我服務於報界十五年，遇到的宣傳主義者和社會改造家不知有多少。有的是不務實際的理論家，有的是有宗教狂的人，有的是高等的業餘者，有的是藉宣傳主義出風頭的。在這許多中人間，却找不到一個像山格夫人那樣的人。我不特在過去欽佩她，就是在現在和將來也要永遠地欽佩她。

除山格夫人外，我僥倖又同另外一個世界聞名大宣傳家有過多年的往還。我指的是蕭伯納。我的家裏做蕭伯納在美國的出版人，足有二十多年的歷史。最初和他訂立出版合同的是我父親，在我的父親死後，是我的叔父，最後才輪到我自己。

我與蕭伯納雖然爲了商業事件，通了五年多的信，但是我們第一次見面，還是在一九二三年。那一年，我啣美國某大公司之命，到英國去同他商訂電影攝映合同。某大公司願以抽版稅的辦法，獲得蕭伯納所有一切小說的電影攝映權，但是有一個附帶條件，就是版稅至少出到一百萬元。

我剛提起這件事情，蕭伯納頓時喊起來說：『不行！』我插嘴說：『但是，蕭伯納先生——。』『沒有「但是，」我說「不行」就是了。』蕭伯納給我這樣嚴厲的回答，隨後彼此又辯論了一番。按蕭伯納所以拒絕我的有兩層理由：第一，他的大多數劇本的價值全靠有對話，而不在於結構，因此如果搬到銀幕上去，便立時失去了牠們固有的價值。（這時候當然還是沒有聲片的時代，）第二，他主張他有把他舞台劇本改編爲電影劇本和導演之權。這點在影片公司方面，當然是不能答允的。所以，我很懊喪，我們這次的談判是失敗了。後來聲片發明，蕭伯納的劇本，售去了很多單行本。不過，據我所知，我們這次出的版稅，在電影劇本中，要算是最大的了。

除蕭伯納，我又與另一個名人訂過出版合同，這人就的僑治，慕亞（George Moore。）慕亞雖然是蕭伯納的同時代人，而且與蕭伯納同是僑居倫敦的著名愛爾蘭人，可是，他們二人的不同點是很多的。蕭伯納是主義的宣傳家和社會改造者，而慕亞是個審美者和推敲文字的藝術家。所以蕭伯納只求他的書有廣大的銷路，而不耐煩出版家藉精裝本和簽名本的美名，用了他的名字去賺錢的。我個人就知道蕭伯納曾經拒絕過出版家以巨額的稿費購買他的簽名本和原稿。還有一次，他很乾脆地對我說：『我是要人來買我的書，不是要他們來買我的筆跡。』而慕亞就不是這樣。一面，他熱望他的書有廣大的銷路，（哪一個著作家不是如此）但同時也愛出版簽名本，套頭彙集，和收藏家覺得很名貴的其他版本。

慕亞與蕭伯納的年紀雖然相彷，但是他們的體格是絕對相反的。我與慕亞會晤，是在一九二七年。那時，慕亞已經是個老紳士了，又兼新病之後，愈顯得衰老的樣子。而慕亞自己却仍自以為是華年公子，時常以笑話和寓言對婦女們獻殷勤。至於蕭伯納之有強健的體格，是人人所知道的。我們不管蕭伯納的體格，是從遺傳得來，還是靠喫衛生食品和運動得來，總之，蕭伯納是有健全體格的人。直到今天，蕭伯納的背脊還是壁直的，就把他排列在體育雜誌的廣告畫裏，亦無愧色。

在我未曾參加商業以前，我們的書店已經做了慕亞的出版人。多年雙方的裂痕是為出版 The Brook Kerith 一書而發生的。據我家庭裏的口頭傳說，我的叔叔一次到倫敦去找慕亞談話，慕亞那時還沒有把這書寫完，便要求我的叔叔立刻訂出版合同，而原稿却不肯給他一看。我的叔叔問他：『這部書寫的是關於什麽的』？慕亞聽了怒形於色的道：『是關於耶穌基督教的。』我的叔叔本是一個極小心的老紳士，聽了這話，不禁驚訝起來，腦子裏想的：慕亞是個談論女性最有膽量的作家，怎麽現在會寫起我主耶穌的傳記來了呢？話雖如此，我的叔叔仍切望做慕亞的出版人，所以答允看過全稿之後就與訂立合同。誰知慕亞後來把書寫完之後，送給另一家書店去出版了，我的叔叔始終沒有一讀的機會。據我現在猜想起來，當時慕亞一定以為我的叔叔是不信任他，侵犯了藝術家的尊嚴，所以後來他把全書寫成後，故意送到另一家書店去出版，以示報復。

我雖不知道當時慕亞的用意究竟怎樣，過了幾年，我總覺得我們書店裏放棄慕亞是沒理由的。到一九二六與一九二七年間，我聽得慕亞又在著作另一部書的消息，因立時寫信給他，告訴他我們的書店願做他的出版人。他回信的措辭很客氣，請我有便到倫敦去會他。我承他寵邀，隔了幾個月後，便到英國去拜訪他了。

他很誠懇地招待我，並且仔細地聽我申說這番來拜訪的意思。他暗示我不要再像我的叔叔那樣，要求閱看未寫成的稿子，並且說，要是我有誠意和他交易的話，須預先訂合同，並預支巨額的版稅。我一面表示贊同，一面掉我三寸不爛之舌，以求窺探出他的著作內容來。

我從那裏得到的，比我意料能夠得到的還多。他毫不遲疑的把他的新著愛佛羅台忒（Aphrodite of Anlis）的內容完全說了出來。凡讀過這本書的人，當還記得它內容的富於詩意，和文字的優美。但是在他告訴我的時候，却並無優美的地方。他用兀突的言語對我說：『我的書講的是關於愛佛羅合脫的臀部的。』少頃，又用短促的盍格羅撒克遜敍述此書的詳細內容，在敍述時，差不多把婦女們的臀部作用完全說了出來。我聽得臉都紅了，幸虧我坐在他旁邊的一張椅子裏沒有給他瞧見。要是我那時抬起頭來，看他一眼，見他用剖解的方法敍述婦女們的臀部作用時，一副起勁的樣子，我禁不住要笑了。

做慕亞出版人的最大困難，不在於書的內容問題，乃在於他的索價過高，兼又喜歡出版有限本。而我却喜歡出版普及版，而不喜歡出版有限本的。後來，我同到美國，聽得專用出版有限本的風登印書館(Fountain Press)願意接受慕亞的條件，我便去會晤這家印書館的主腦人；經商議之後，我們決計合資購買慕亞的稿子。於是，我爲風登印書館，也爲了我自己，又和慕亞通訊了。結果，又得慕亞的許可，風登印書館出版有限本，而我們的書店則出普及版，將來的正式合同，即根據了這兩點訂立。我們把合同寫好了寄到英國去請慕亞簽字，那知道慕亞不肯簽字，因爲他要求更大的稿費。這在我們當然是不能答允的。我對他說，我已經接受了他提出的條件，並且彼此已經同意；而慕亞却憤然地拒絕我。隨後彼此又通了幾回信，語氣間都帶有辛辣的味道。我猜想在他簽字的當兒，一定有另一家的書店允了他更大的稿費，他就據此以要求我們出更大的稿費，並非真的拒絕我。慕亞幾次來信，都說要把稿子許給別個書店去出版，或者永久不再去寫完它。他更恐嚇我，說他將要一篇長序罵我一頓。我感謝他的好意，使我的名與他的書同時流傳萬古不朽，可是我的立場却始終沒有改變，——要是他的書不給我出版，我也不願讓他給別家書店去出版。

最後，我因爲要解決這個問題，重又趕到英國去。我心裏想，直接去看慕亞是不妥當的，所以我先去看慕亞在英國的出版人。他們告訴我說，慕亞之所以拒絕我，是因爲我要求非份的權利，以致惱怒了他。我對他們唯一的答復，是拿慕亞與我往還的信給他們看。他告訴他們的，當然是另一番話。這也許是因爲他寫信沒有留底稿罷。他們看了慕亞與我往還的信後，態度頓然改變過來，都說他們相信慕亞是誤會了，不過，這誤會是不久就會消解。他們約我過半星期後去看慕亞，讓他們有個時間把這件事情去同他說明一下。過了半星期後，我再去看他們；他們告訴我說，當他們代我催促他簽訂合同時，他竟是大發脾氣，甚至於表示不願意他們干預這件事情。但是過後他又靜了下來。經過英國某出版公司一個雙方都是朋友的居間調停，我們才訂立了一個正式合同。但是我與慕亞在成交期間，始終沒有互相晤見的機會，因爲免得再生惡感的緣故，所以雙方的意見都是經過那位朋友轉達的。很奇怪的，慕亞自與我簽訂正式合同以後，又與我通起信來，討論關於出版上的許多枝枝葉葉的問題，在措辭之間，絕無一點不愉快的語氣，可見慕亞已經把前嫌忘掉了。我相信懷着好意的出版家終究會邀得慕亞的寵意的。

大出版家蔻的斯

妻子一席話，丈夫得成功

雅敏

蔻的斯(Cyrus H. K. Curtis)一八五〇—一九三三年，是全世界最偉大的出版家和廣告家。他所出版的有Saturday Evening Post Ladies Home Journal, Country Gentlemen，和Philadelphia Ledger四種，第一種是週刊，每週的銷路是三百萬 根據一九三七年的統計），是全世界銷路最大的雜誌，第二種是月刊，每月的銷路是二百萬本。他的進款只是廣告一項，一年也有三千萬美金左右，他的標準比任何出版物爲高，而他的進款也非別人所能及。

他的祖先是英吉利人，在一六三一年遷居到美國去，他的父親是一個裝飾家，住在一所木造的房屋裏。當他十二歲的時候，他向母親要一些零錢去買爆竹，他的母親對他說：「你如果要錢用，你就得像你父親一般自己去尋。」那時候他袋裏的錢，不過幾角，他就去買進了幾張 Daily Couriers 然後在街上賣出，賺到了幾角錢。他的身材並不高大，但動作非常捷速，身體非常健康，不久之後，他就成爲一個很能幹的賣報僮。

後來他對那張報紙的經理說：「如果你能放賬一天，我可以將你的報紙出賣得很多。」那個經理立刻答應了，在明天果然他在Fort Preble 造成了報紙的新的市場。

在他十三歲的時候，自己出版一張小報，是一張兒童看的四版的報紙，名叫新美國（Young America）每星期可以銷一百份，他買進了一隻手搖的印機，成績非常良好，但不幸得很，那家小報館不戒於火，又沒有保險，因此就不得不關門大吉。

此後的六年中，他在一家布店裏做職員，只不過是庸庸而過。到了二十歲的時候，重複加入報館，招徠廣告，後來報館的主人因爲無法維持，竟將報館送給了蔻的斯，可是做了五年，並沒有希望，於是就停辦了。

這時候，蔻的斯結了婚遷居到費城去，創辦一家講壇報。有一天，他的妻子問他婦女版上的文章是誰寫的，蔻的斯說：「是我寫的」。他的妻子說：「那眞是可笑極了。」「那末你來寫文章好不好？」「好的」。不意因此竟成爲全報最出色的一版，而成爲婦女家庭雜誌的起點。

蔻的斯的事業，一天天的擴展起來，顯然的資金感到短少了，這時候有一個廣告家哀約（N. W. Ayer）帮了他很大的忙，借給他幾千萬塊錢，但在一年的功夫中，已經是全數清償了。現在哀約的廣告公司是全世界最大的廣告公司。

蔻的斯辦理婦女家庭雜誌成功以後，又買進了佛蘭克林所創辦的星期六晚郵，在那個時候，別人都笑他，說他一定要失敗，的確，在他做了不久，幾乎把他已經賺到的錢，全部都虧掉，後來就逐漸進步而成爲賺錢的出版物，繼續就買進了其他幾種出版物，結果他有了二百家印刷所，每天要用四百噸的紙張。

講起蔻的斯的爲人，他的身材很短小，眼光很和善，態度非常鎮靜，留着一些式樣很老式的鬍鬚。他雖然事業非常發達，但自奉依舊很儉樸，生活也非常簡單。他除了努力工作之外，也喜欣談笑，吸煙，跳舞，讀書，旅行，按風琴，到禮拜堂裏去做禮拜，更喜歡划船和打高爾夫球，他也很愛小孩子。

他是很仁慈的，從前有一個人不願意帮助蔻的斯，在二十年後，窮困得非凡，蔻的斯知道以後，走了一千五百哩的路程，去給他一張支票，使那個人清償了所有的宿債。

蔻的斯最偉大的工作是提高了全世界新聞學和廣告學的標準。

美國的讀書會

史東

美國一年中出版的書籍之數大概在數萬以上，而在這龐大的『書海』中，讀者要想選擇有一讀價值的書籍，那眞是比登天還難了。『讀書會』也就是應這種需要而產生的。用術語說起來，它是利用極度發達的巧妙之宣傳技術，藉會員制的比較固定的推銷網的資本主義的最大規模的出版事業。它是充分地利用近代函購辦法，不比以前的投機性的出版方法那樣爲讀者之判斷力所左右，而是更進一步地使讀者爲它的判斷力所左右。讀書會就是每月從新出版物中按照適合一般的標準選擇一部或二部好書，向會員推薦，因此使讀者有所準繩，不至像盲人騎瞎馬那樣亂闖不堪一讀的書了。

在美國的讀書會中，規模最大的要算每月讀書會（Book-of-the-Month Club）吧。它現在擁有二十萬左右的會員。選書委員都是第一流的作家；例如小說家摩萊（Christopher Morley)，女作家坎菲爾（Dorothy Canfield），作家兼報人的懷特（William Allen White）和文藝評論家坎貝（Henry Seidel Canby)。於去年年底逝世的著名的美國評論家普朗（Heywood Broun）本來也是選書委員之一。因此本來有着五位的選書委員現在已減至四位了。這四位選書委員每月向會員推薦一部或二部好書，有時是小說書，有時是時事論著，又有時是一般的書——總之包括各種門類的書。購買這『每月推荐書』(Book-of-the-month)的會員每月平均有六萬，遇到特別有號召力的書時竟會達到十萬的。會員並沒有每月須買該會之推荐書的義務，只要在一年中向該會購買四部推荐書就有享受一切權利的資格了。並且又不必付任何會費，而推荐書的售價不但往往比一般書店的定價要便宜，並且代價也只要於收到該書後支付，這種尊重會員之人格的辦法也頗爲有趣。另外一個好處就是，會員每購二部推荐書，就可得一部贈書，這通常是不久前出版的名著。所以倘使購買四部推荐書就等於獲得六部書。（這樣寫下去好像替該會作着義務宣傳，恕我就此帶住。）

該會的創辦人叫哈里許曼(Harry Scherman），是一個富有商業手腕的出版家。在創辦這讀書會之前，他曾和一家糖果公司聯合發行叫做小皮面文庫（*Little Leather Library*）的裝訂非常漂亮的一套古典小叢書，結果在數年中竟銷去了五千萬部。當他在一九二六年創辦每月讀書會的時候，只有四千個會員，而現在竟已增加到二十萬，可見他的經營之頗得其法了。據該會的統計，在最近五年中售給會員的推荐書和新書（該會同時經售各書店之新書）共達一千萬部，這眞不是一般書店所能望其項背的了。每月讀書會本身並不出版書籍，因此它的推荐書都是從各出版家的新書中選擇出來的。該會和各出版家訂有協定，每於新書出版前將其淸樣寄一份給該會。所以它能够在新書出版的同一月份裏把推荐書公佈出來。有時一部新書因受該會的推荐而延緩出書期也是常有的事，於此可見該會勢力之大了。

除了每月讀書會外，規模較大的讀書會要輪到文學書會(Literary Guild)了。不過文學書會的目的是專門推荐小說書給它的會員。它是由 Doubleyday, Doren 和 Viking Press 這二家出版商合辦的，有趣的是，每月讀書會每月推荐的書中要算該二家書局所出版的佔最多數了。和每月讀書會一樣，文學書會也不强迫會員按月購買推荐書，只要在其中買四部就够了。不過却有一個最大的差異，那就是每月讀書會所發售給會員的推薦書都是和市上發售的該書同樣的版本，而文學書會的推荐書都是特製的版本，因此價錢也比平常的版本便宜，不論該書的定價是二元五角或五元，會員只要付二元就得了。

以上二家讀書會以一般大衆爲對象。此外還有一個頗爲貴族化的讀書會，叫做限定版讀書會（Limited Editions Club）。它所發售給會員的並不是新書，而是將有永久價值的名著用極考究的紙張和極漂亮的封面印成的精裝本（edition de lux）。這代價當然是非常昂貴的，每部要售美金十元。若預付一年會費可打九折，只須一百零八元。

這限定版讀書會是步着每月讀書會的後塵於一九二九年創辦。它的第一部限定版的精裝本葛里佛遊記（*Gulliver's Travels*）是印發給一千一百名的會員的。其後陸續印行的有在巴勒斯坦印刷的聖經的詩篇，在希臘印刷的希臘詩人蘇福克里斯（Sophocles）的名劇 *Oedipus*，在上海印刷的中文的論語而將之裝在中國松木的木匣中，……總之，它是極盡奢華的能事。十餘年來，已經出版了百數冊的精裝本。在該會已出版的各書中，現在已經有好幾部爲藏書家爭奪的對象了；尤其是喬哀斯的攸力栖斯（*Ulysses*）它的精裝本的售價已經被抬高到五十五元美金，簡直已經漲到原價的五倍以上了。最近該會開始印行適應一般大衆的限定版，以每月二元五角美金的會費供給着插圖和裝釘都很美麗的世界名著。除此之外，該會設立着每三年擇一部有永垂後世之價値的傑作而贈以金牌的辦法。最近一次也就是一九三八年度的金牌是贈與美國著名批評家普魯克斯（Van Wyck Brooks）於一九三七年出版的頗有權威的美國文學史新英倫的開花（*The Blossoming of NewEngland*）（曾獲一九三七年普列哲獎金）。這種贈與金牌的辦法，對於增高該會的權威上是極有幫助的。

最近美國又有一種消費合作社式的合作讀書會（Co-operative Book Club）。它的特色就是由會員來共享所獲的利益，在將來也許有發展的希望，但就眼前看來，和每月讀書會相比較，它的基礎是頗爲脆弱的。

當然美國的讀書會並不止這幾個，此外尚有專門推荐偵探小說犯罪讀書會（Crime Book Club），推荐科學書的科學讀書會（Scientific Book Club），介紹宗教書的宗教讀書會（Religious Book Club）……等，名目眞是繁多。總之，讀書會的興起對於養成讀者的讀書風氣上確是極有幫助的。

一九四〇年美國出版界綜觀

何凱

（一）出　　計

一九四〇年美國出版書籍共一一三二八，這是美國有出版統計以來的最高紀錄。去年出版的書籍較一九三九年增加六百八十八種。新書較一九三九年增加五百種（一九四〇年共出新書九五一五種，而一九三九年共出九〇一五種），而新版本則增加一百八十八種（一九四〇年是一八一三種，而一九三九年是一千六百二十五種）。

一九四〇年增加最多的首推小說，共增一百八十九種；其次是技術書，共增一百五十九種；再次是宗教書，計一百四十六種；最後是詩歌與戲劇，計八十五種。小說書的增加是近六年稀有的現象。兒童書一九三九年大減後，去年似有起勢，可是仍遠不及一九三八年最高紀錄的一千零四十一種。

去年度較一九三九年出書之數減退的包括科學、家庭經濟、美術、遊戲與運動、普通及地理與旅行等各門。減少最多的是美術門，較一九三九年的二百八十八種減少六十六種。外國美術書的禁止輸美，也許是減退的一部分原因。旅行書的減少應歸因於歐亞二大陸進行着的戰事。正如技術書的增加是直接起因於美國軍事工業的發達。不過大體上說起來，各門書籍的增減的正確原因是無法確定的。同時我們應該曉得，書籍種類的增加未必和銷數的增加有着連帶的關係。

（二）最暢銷書

一九四〇年美國最暢銷的小說書是漢明威（Ernest Hemingway）的喪鐘（*For Whom the Bell Tolls*）。以西班牙內戰爲題材的這部戰爭小說於去年十月出版，到去年年底止，爲期僅二月，竟共銷去四十四萬部，殊屬難能可貴。其次是歷史小說家羅勃茨（Kenneth Roberts）的維斯威爾傳（*Oliver Wiswell*）。這是描寫美國革命戰爭的歷史小說，而以親英派的富紳維斯威爾爲主角。共銷三十萬部。值得注意的是，以上二部暢銷書都是戰爭小說。其三要推英國作家李威林（Richard Llewellyn）的青谷記（*How Green Was My Valley*）。這部小說在英國佔着最暢銷書的第一位，在美國也共銷去十七萬餘部。佔着第四位的是英國女作家史屈塞（Jan Struther）的密尼佛夫人（*Mrs. Miniver*），描寫着戰時的英國生活。黑人作家賴特（Richard Wright）的黑人的兒子（*Native Son*）於去年三月出版時曾被爭相購閱，打破歷來暢銷紀錄，但不久又銷聲匿跡，因此屈居第五位。小說類暢銷書值得一提的尚有雨來（*Rains Came*）的作者普朗斐爾（Louis Bromfield）的又一部以印度爲背景的小說孟買之夜（*Night-in Bombay*）和白俄女子費杜洛佛（Nina Fedorova）的幸福的家（*The Family*）。後者是一九四〇年度大西洋雜誌的得獎作品，敘述一羣白俄家族在天津的流浪生活。

非小說類中去年度最暢銷的是馬丁瓊遜夫人（Osa Johnson）的夫妻探險記（*I Married Adventure*），共銷二十萬餘部。其次是普倫特女士（Betty B. Blunt）的這一定是男孩（*Bet It's a Boy*）。這是一部圖解的生育指南，共銷十三萬餘。再次是亞特勒教授（Mortimer Adler）的讀書法（*How te Read a Book*）。佛林（John Flynn）的白宮的鄉紳（*Country Sguire in the White House*）佔着第四位，共銷十萬餘部。作者在本書中對羅斯福總統及其新政大肆攻擊，它的暢銷許是由於去年總統選舉時共和黨利用它來作反宣傳的資料。第五位是音樂家賴文(Oscar Levant)的一知半解（*A Smattering of Ignorance*），以通俗的筆調解說着現代的音樂。輪到第六位的是由二位新聞記者合著的美國白皮書（*American White Paper*），詳述慕尼黑協定以來的美國外交政策。其餘值得一提的尚有文學家普魯克（Van Wyck Brooks）以著作家為中心的美國文學史新英倫的秋暑（*New England: Indian Summer*）和最近去世的著名醫學專家辛色(Hans Zinsser)的自傳回憶錄（*As I Remember Him*）。

在去年最暢銷書中，只有三個作者是美國讀者所不熟悉的：靑谷記的李威林，密尼佛夫人的史屈塞，和幸福的家的費杜洛佛。

（三）最佳書目

最佳書也許是最暢銷書，可是最暢銷書

却未必是最佳書。這全是因爲批評家的眼光較讀者爲高的緣故。

每年一度的現代史料（*Current History and Forum*）雜誌主選的去年度非小說最佳書目包括十部書，書名如下：

普魯克的新英倫的秋暑；那敏氏(Allan Nevins）的洛克斐勒傳（*John D. Rockefeller*）；辛色的回憶錄；密里士（Walter Millis）的歐洲戰爭之原因（*Why Europe Fights*）；亞摩斯屈朗（Magaret Armstrong)的特萊勞尼傳（*Trelawny*——按係詩人拜倫之好友）；已故加拿大總督普章(John Buchan)的自傳天路歷程(*Pilgrims Way*）；英駐德大使亨德遜（Nevile Henderson）的使德辱命記（*Failure of a Mission*)法國作家莫洛阿（André Maurois）的法國的悲劇（*Tragedy in France*）；林語堂的頌諷集（*With Love and Irony*）；和戴勒（E. Taylor）描寫德國神經戰的恐怖戰略（*The Strategy of Terror*）。

美國文藝批評家都一致推舉漢明威之喪鐘爲去年度最佳小說。其次是歷史小說維斯威傳和黑人作家所寫的黑人的兒子，這三部同時又是最暢銷書，不過以下却與暢銷書目不同了。批評家所推荐的最佳小說尙有這幾種：美國女作家卡塞（Willa Cather）的沙非拉和奴隸女子(*Saphira and the Slave Girl*）。以南北戰爭爲時代背景，描寫着一個美麗的奴隸女子爲其忌妒之主婦謀害的經過。作者以細膩的感覺處理題材著稱。已故青年作家伍爾夫（Thomas Wolfe）的遺作你不能再回家（*You Can't Go Home Again*）。這也可以說是他的自傳的一部。托瑪斯曼描寫歌德與其愛人綠蒂重會的愛人歸來（*The Beloved Returns*）。德國作家魏佛（Franz Werbel）以維也納某貴族之女傭竭力企求死後之安樂爲題材的被出賣的天堂（*Embezzled Heaven*）。

★有聲的書和戲劇是盲人黑暗世界裏的曙光，是最近三十年來科學賜予盲人們的最大恩惠。

有聲的書

翼如

龐德（F. Fraser Bond）原著

摘譯自一九四五年五月號『皇冠』及一九四五年六月號『事實』

美國二十萬左右盲目的男女，現在能安坐在家裏，欣賞百老匯的戲劇，讀他們所愛讀的書籍了。他們不必上劇院或圖書館去，當然，他們到那些地方去仍是毫無所得。他們的戲劇和書籍都是從最近的公共圖書館送來的。並不是必須用手來觸摸的凸字板，而是能發聲的書籍。百老匯的明星所演出的戲劇，或名作家的作品，都製成了錄音片，用厚厚的紙匣裝着，由郵差送來，只須將它放在電動的發聲機上，便可以發出聲音，供盲人們欣賞。而且他們不需要花一個錢，一切費用都是由政府供給的。

這些有聲的書是紐約的美國盲人福利社所設計的。到現在已創辦了十一年了。在這短短的十一年中，它得到『最近三十年內科學賜予盲人們的最大恩惠』的聲譽。

但是它的眞正起源得追溯到一八七七年，愛迪生完成了他新發明的留聲機的那天晚上。愛迪生知道他的發明將來對於盲人們總會有益處的。他在北美評論上寫過一篇文章，說到這件事。

或許大多數人都誤認爲所有盲目的人們都能讀白萊爾盲文（Braille）式或其他的凸字板。事實上在美國將近二十萬盲人之中，能讀白萊爾式凸字板的不到百分之二十。只有盲人才眞正懂得其他盲人們的需要。白萊爾在一八二六年發明便於盲人們讀的凸字板時，他自己也是盲目的。發明有聲的書的歐文博士（Dr. Robert B. Irwin），和白萊爾一樣，也是一個盲人。他是紐約的美國盲人福利社的主席。歐文博士知道許多人是在中年以後盲目的，他們不容易學習指觸讀書法，他也知道工廠中或交通的上許多意外，常使一個人的手和眼睛同時受傷。因此歐文博士認爲要使這成千成萬不能讀凸字板的盲人們讀書，只有一個辦法，便是利用聲音。

歐文博士得到不少的人們的幫助，卡內基公司（The Carnegie Corporation）也撥給他一筆費用，於是他與一些聲學工程師洽商，從事研究和實驗，想找出最好的有聲的書來。後來他們設計出一種經久耐用的薄薄的錄音片，一個紙匣裏便可以裝上二十張。它們很結實，如果一個盲人從桌上打掉一張下來，它也不會破碎。他們還設計出一架手提留聲機似的電動發聲機。盲人們可以用手觸摸着來使用它。有聲的書於是產生了。

起初盲人福利社担負製造和分發有聲的書的全部費用。一九三一年，美國國會會通過一條法令，每年支付十萬元作爲出版成年盲人所讀的凸字書籍之用。有聲的書製造成功之後，國會每年撥款五十萬元，其中四十萬元指定用於製造有聲的書，其餘的十萬元仍用以出版凸字的書籍。盲人福利社在紐約的錄音室製成了有聲的書和戲劇之後，便由美國國會圖書館將它們分送到設有盲人部門的廿七所地方圖書館，再由地方圖書館免費送給附近的盲人。

有聲的書的迅速發展，可以證明一本用聲音寫出來的書，比一本僅用油墨印成的書，對於讀者有益得多。例如，它可以發出作者自己的聲音，或是在一本書的章節裏加上一些音樂和聲響的效果，它可以介紹百老匯的名演員們所演出的戲劇，並且還能唱歌，每一本有聲的新書送到盲人手中的時候，它便帶來了新的刺激與娛樂。

在舞台上和廣播公司受過訓練的男女演員和廣播員，很熱心地參加大部份的播音工作。盲人福利社請他們來播音，因爲他們的音調動聽，而且他們能保持唸詞的速度，每一張錄音片可以用十五分鐘，你得清晰地，流利地，迅速地唸十五分鐘之久，不咳嗽一聲。也不口吃一下，這是需要訓練的，並不是一回容易的事。

製造有聲的書時，也常常邀請一些名作家，如湯姆斯曼（Thomas Mann）、毛姆（Somerset Ma-ugham）、麥里實（A. MacLeish）、羅斯福夫人，爲他們自己的書籍播音。通常多半是請他們念第一張錄音片的第一面，然後由一個經常念詞的人來繼續讀完它。作者親自發音使盲人大感興趣。他們覺得能親聆作者的聲音，注意到他說話時的抑揚頓挫，因此對於作者有了更深刻的印象。

有聲的書裏加入音樂比較的早，盲人福利社最初製成的錄音片中，有一張是狄更司（Dickens）的聖誕之歌（*A Christmas Carol*），它開始就是傳統的頌歌，音樂也已用在製成有聲書的著名音樂家的傳記中，這對於看不見的讀者們顯然有莫大的方便。例如油墨印成的莫扎特傳（*Life of Mozart*），其中的歌曲只能用樂譜印出來，而在發聲的書裏，鋼琴或樂隊便可以將這些歌曲用優美的音調表達出來了。

戲劇製成有聲的書最初也只是唸詞。盲目的人們想讀莎士比亞的劇本，因此盲人福利社將它們一場一場地錄下音來，正和一本普通的書籍一章一章地錄音一樣。每一個演員先研究他所担任的角色，不必記下他所唸的詞，因為他只須在錄音機面前照着劇本唸就是了。還有一點特別的是劇本不是分幕演出的，而是以十五分鐘的時間作單位，因為錄音片的每一面用起來約需十五、六分鐘。盲人們對於這些劇本很感興趣。

後來大家想到，如果盲人對於僅只有唸詞的劇本這麼發生興趣，為什麼不讓他們欣賞眞正的戲劇？於是又將這些有聲的戲劇配上音樂和聲響效果 ，如脚步聲，開門聲等，這樣便只缺少服裝和道具了。甚至這缺陷也有辦法彌補，可以由一個人說明舞台裝置，演員服裝，並指示出劇詞中沒有說到的一些動作，使聽衆能想像出舞台上發展，因此盲人也和我們一樣能完全欣賞栩栩如生的戲劇了。

因為美國國會圖書館經常地給予財政上的協助，許多劇本都以同樣的方法製成有聲的書了，愛好戲劇的盲人們現在每週能讀到一個新的戲劇。這些戲劇包括莎士比亞、蕭伯納、高爾士華綏（Galsworthy）、巴雷(J.Barrie)、奧尼爾 (Eugene O'Neill) 等劇作家的作品。

最特別的有聲的書或許是歌鳥的錄音片，使盲人能由鳥的歌聲來辨別每一種鳥。盲人福利社得到康奈爾大學禽學系的合作。康奈爾大學的教授們帶着錄音機，從弗羅利達州到洛磯山脈，追尋歌鳥的踪跡，將錄音機裝在離鳥很近的地方來收音。有時他們用一個小小的擴音器，裝在鳥巢的近旁，將婉轉的歌聲傳到幾百碼以外的錄音機上。

普通的有聲的書需要十五片至十八片雙面的錄音片，每一張十二吋的片子的每一面可以用十五、六分鐘，就是說讀一本普通的書所需的時間大約是九小時。最長的有聲的書是托爾斯泰的戰爭與和平，要用一百一十九張雙面的錄音片。雙目失明的讀者們讀這一本書，要費五十九小時半才能讀完它。另一本比較長的有聲的書也是一本文學名著，密棣爾 (Margaret Mitchell) 的飄 (Gone With the Wind) ，它需要用八十張錄音片。

現在盲人們能夠自由選擇他們所喜愛的各種讀物。美國盲人福利社和美國盲人讀物出版社每年能製出一百多種新書。盲人們可以向附近的圖書館要求送給他們一本有聲的西部驚險小說，或是專家研究天文學的論文，無論他們想讀哪一類的書籍，都是免費送來給他們閱讀的。

在戰爭中因受傷而失明的美國陸海空軍人員，從海外歸來的時候，發現了有聲的書和戲劇。在陸海空軍醫院裏便裝置有這種發聲的讀書機和有聲的書。他們很高興的發覺當他們出院回家時，仍能繼續享用有聲的書和戲劇。

有聲的書和戲劇是盲人們的黑暗世界裏的曙光，為那些不得不永遠在黑暗中摸索的人們，照亮了他們的道路。

閒話美國出版界

得之

美國出版事業，眞可謂洋洋大觀。雜誌之具有全國性者以千計，每日出版的新書以百計，張三李四都看書，張三李四也都「著書」。所以雖然紙張缺乏，出版界却也照常熱鬧。

美國讀者有百分之九十五讀聖經。這本書讀者之多居第一位。但是我們可以把它放開不談，因爲它素來居第一位，同時多半人看聖經是在星期日作禮拜時看的。除聖經外去年獲得讀者最多的書是「永恆的琥珀」。這就可以看出美國讀者的味口了。

據最近的調査，百分之五十的讀者讀在市場上出售書之百分之九十五。在這些書中，小說佔百分之五十八，非小說佔百分之三十七。如果以題材來分類，則冒險傳奇故事佔百分之十七，戰爭報導佔百分之十五，社會問題佔百分之十五，歷史佔百分之十五，宗教佔百分之十四，偵探故事佔百分之十，幽默作品佔百分之八。詩最不受歡迎，只佔百分之二。

讀書興趣最高的是十五歲到十九歲的青年，這原是人類求知慾最强的時期。五六十歲的人最不高興讀書，可是過了六十歲以上，閒來無事，又想讀書了。至于讀者的性別則婦女佔百分之五十三，男士佔百分之四十六。太太小姐們閒來無事讀書的機會多。

雖然只有百分之三十一的讀者是買書的朋友，而百分之五十七是向圖書館或私人借閱的，美國每年出版的買賣也以萬萬計。在每天幾百種新書中，讀者雖然可以依賴書評，廣告，或朋友的建議作選購的標準，有時也苦于選擇適合的書。于是應運而生的，就有許多「書會」的組織。

「書會」實在是一個很有用的組織。它聘有專家，按期推荐一本新作，介紹給會員，由會員向會購買，會員不繳納會費，其唯一的義務只是每年最少買幾本書。在會員的立場說，書會推荐的書總可一讀，而且售價比市價便宜。在書會的立場說，因爲會員多，可以向出版家購買推荐書的「書會版」版權，這個利潤也相當大，在出版家看來，一本書經「書會」推荐，實在是最好的廣告，可以吸引其他的讀者。所以美國許多暢銷書之能够暢銷，書會有大力焉。例如「黑玫瑰」是目前居美國暢銷書的第一位，其第一個一百萬冊中，有六十萬冊是經由「文學書會」售給它的會員們的。「怨婦人」一書于售出四萬冊之後出版家以爲這本書「完了」，但是經「一元書會」向其六十萬會員推荐該書後，除「書會版」外，由出版家直接出售的「原版」，達二十五萬冊，可見書會之組織，是「三利」的事。

目前美國的「書會」擁有會員三百五十萬人，一年內可以增加到五百萬人。它們每天寄給讀者的書約十萬冊。其中牌子最老，而且標準最高的是「每月書會」。老舍的「駱駝祥子」的英譯本就是該會推荐的。它擁有會員九十萬人，略次于「文學書會」的一百一十萬人。各家書會各有專長，「每月書會」的標準最高，「文學書會」專門介紹時髦小說，「偵探書會」專門推荐偵探小說，「一元書會」以售價便宜稱雄。

除去各家書會推荐的「書會版」外，還有翻版的「普及版」多半是紙面裝釘的領袖珍本，每冊售價二角五分。但是這個翻版並不像我們戰前那種盜版權的翻版書。這大概是一本書成爲「名著」或「暢銷書」之後，由專門作「普及版」的出版者來向原出版家接洽購買「普及版」權，目前是銷數在十五萬冊以內者，每冊一分。超過十五萬冊後，其超出額每冊一分半，該款由作者及原出版家對分。不過作家們現在開始要求提高「普及版」稅，或可增加。

目前美國的「普及版」商主要的有五家，今年預計可以發行一萬一千萬冊。其中最老的「袖珍版」不過只有七年的歷史，已經售出各種「普及版」書一萬四千四百萬冊。這些書包括古今名著，且不節略。印刷也很仔細，只是紙張稍次，紙面裝釘而已。這種「普及版」對原版毫無減傷。因爲買「普及版」的人少買「原版」。他們是兩個階層的人。

「普及版」的聲勢，目前正在急遽增加中。紐約一市，就有九萬家出售或兼售各種「普及版」的書店或書攤。戰時發行分配給美國軍人看的一萬零五百萬冊「軍中版」，養成讀「普及版」的習慣，所以現在想搶這個生意的人很多。

美國小說，現在最受歡迎的是冒險浪漫歷史傳奇，和談情說愛的故事。要想暢銷多少得牽涉到「性」的問題上去。所不同者，有的描寫「大膽」，有的手法「乾淨」而已。不但長篇小說如此，短篇小說也是一樣。原來美國讀者以婦女居多數，而雜誌讀者尤以婦女爲多。太太小姐們總多少欣賞英雄美人的浪漫愛情故事。于是初戀，母愛，新婚，偷情等的滿見篇幅，而且最近的趨勢，似乎多半的雜誌小說都在描寫所謂「道德良善」者在其生命史中也不免有點「荒唐」事，寫私生子，與純正的愛情不一定能够成功，說女人不一定要結婚纔能够享受人生的樂趣。這種寫作態度當然是英國社會的反映，或者可以說是一般英國人私心想像的人生的反映。但是有一點却是不會變的——大團圓的結局！

除去浪漫故事，傳奇，說外，英國書店裏充滿了戰事報導的書籍。張三李四，都寫「我在戰時的經驗」。幾乎千篇一律拖爲作者個人及其所見的幾個朋友作起居注，爲其所到的地方作素描，偶爾有幾頁有人性，却很少有歷史性，也很少見正確性。寫這種書的人多半爲新聞記者，和退伍軍人之有寫作經驗者。他們大半只有生意眼，力求新奇。所以敘事不免歪曲事實。至於以銷路論，則除去偶見的幾本真正「力作」外，多半是風行幾個月就告「完結」的。

描寫第二次大戰的，說已經見到幾本，都很膚淺。至今還沒有見到一本「三士兵」或「西線無戰事」。臨門的「紅陵」和雷斯的「第四十九號路」，前者過於誇大，後者過於低調，附著在描寫戰士心理方面都未見深入，結果其主角都很暗淡失色。描寫第一次大戰的鉅著還在於戰事結束後若干時期。「西線無戰事」等了十一年纔出來。大概描寫第二次大戰的名著也得等幾年，等作家們冷靜一點，能夠作客觀的分析後，纔能出作家之筆而見世。（五月十日寄自紐約）

記美國當代出版家貝尼德·塞甫

許桐華

現代文庫的主持人

凡是稍稍閱讀西文書籍，尤其是英文書的人，大概總知道美國刊行了一種「現代文庫」(Modern Library)，搜羅名家作品，行銷甚暢，同時也知道美國有一家「廊堂書屋」(Radom House)。不久前林語堂所編的「中國與印度的智」慧(The Wisdom of China and India)，爲該書屋發行名著之一。而本文所述的貝尼德·亞爾弗栗特·塞甫(Bennett Alfred Cerf)，便是這兩大文化事業的目前主持者。

此公現年五十歲，除担任廊堂書屋總經理以外，兼任巴當圖書公司董事及葛羅塞鄧勒甫書局合夥人，二者均以發行普及版的書籍著稱於世。他又編纂笑話集五種，不脛而走，已售去五百萬冊以上，刻下他正在編印第六種，書名「使用時請先搖動」(Shake Well Before Using)，不日卽將出版。也許在筆者此文刊出時，已在市上發售了。

塞甫的儀表，頗爲氣概，身材碩長，衣履華美，背部微屈，很像一個退休的馬球健將(Polo Player)。他愛高談闊論，交游甚廣。平日從事出版及編輯工作之餘，經常出席各種雞尾酒會，有時應邀在無線電台客串廣播。他更週遊全美，向美國各地大學演講。同時他在「週六文學評論」中撰寫「貿易風」(Trade Winds)專欄，每週一次。此外，他騰出工夫來記日記，所記以交往的人物爲主。他還備有剪貼簿一本，黏貼有關他個人的消息及新聞。

還起塞甫所寫的「貿易風」專欄，下筆時毫不經心，招致許多同業的不滿。他們希望他對於某些事情，保持緘默，但是他們和他劈面相値時，却執禮甚恭，只怕得罪他，以後他在下一篇文章中會搖着他們更深的瘡疤。塞甫對於這種情形，也洞若觀火，他一度對人家說：「有幾個出版家，頗以用刀割斷我的咽喉爲快，但是他們偶然見了我很愉快。」

本來，經營出版事業，正與支持戲劇的演出，同樣煞費周章，偶一不愼，失敗者累累，書業中人患胃病者頗多，塞甫却不然，食慾旺盛，消化力強大，睡眠也甚酣暢。他也偶而在外表上露出神經質神態，例如敍述函件文稿時嚼手帕，或是打電話時在室內踱來踱去，但一般說來，他的性格很正常。

塞甫對於他自己更有一節自白道：「我的記憶力極強。讀書的速率很高。我在幾小時內，能夠唸完一本小說。但是在我翻讀像托爾斯泰所著的「戰爭與和平」這一類傑作時，你且猜猜那是何等樣的情形。此書列入現代文庫的版本內，業已售去約二十二萬三千冊，但是我在過去十年中，每次出外旅行時，總是將此書帶在身邊，我唸到二百十六頁時，不再能唸下去了。恕我老實說，我看得惹氣了。」

有幾個塞甫的素識，認爲他的一舉一動，有時不免矯揉造作，因爲裝模作樣，對他頗有利益。這可以得到會見他的作家們的重視。他說過一番話道：「這也許是一項幼稚的舉動，但是不論什麼時候，我會見一位作家時，往往由於感情激動而戰慄，習慣成自然，後來無須做作了。」塞甫因爲感情激動而戰慄的情形，可以說漫無止境，他差不多遇到任何知名人物——文學界，戲劇界，體育界或政治舞台上的名人，都會戰慄。

去年（一九四七年）某一天，這正在和人家談話，突然接到一個電話，他提起話筒接連嚥了好幾次唾沫，臉上露出得意的神色。等到接談完畢後，他將話筒輕輕放好，壓低着喉嚨慢條斯理的說：「信不信由你，那是亨—利—摩—根—諾（美國現任財政部長名）打來的。他今天晚上來喝雞尾酒！」

和他晤談對方事後談起這件事說：「他呆坐了幾分鐘，用他的舌尖不斷舐着牙床。」

刊行故羅斯福總統文集

有時候，塞甫的崇拜名人熱，却使他左右爲難，譬如說，他對於故羅斯福總統崇仰備至，害得他的出版事業，一度遭遇空前的難關。先是一九三〇年年終，傳說羅斯福總統預備編印所撰文告的集子，經塞甫在紐約和華盛頓鑽營的結果，此項出版權由「廊堂書屋」取得，擬將弗蘭克林·羅斯福的文告及演說集，分印五卷，合成一部，每部零售價，定爲（美金）十五元。

若干月以後，排印工作已在進行中，塞甫得到一個消息，說與此類似的赫勃德·胡佛文集僅售去數千冊，不禁大爲懊喪。他取了出版胡佛文集這家書局的證明信，在週末趕到海德公園去，希望能夠說動大總統，將付印的冊數，大量減低。羅斯福讀完這封信後，仰首笑了好久，他說：「假使胡佛文集只售去幾千本，我們却能銷完一百萬冊！」

塞甫震於總統的威嚴和他的樂觀態度，回到紐約後，召集廊堂書屋的推銷部幹員談話。這書在美國東部（指紐約，波士頓等地）的銷路很不好。有一個跑街遍叩華爾街的書肆，不得要領。

另一次周末，塞甫懷了這一項悲觀的統計，應邀上白宮去。總統要知道他在華盛頓售出的冊數。

塞甫答道：「總統先生，一共三百三十五本，不過——」他恐怕總統打斷他的話題，連忙接下去解釋在首都銷去的數字。如與其他各地來比較，在比例上，顯見得不相稱的龐大。

羅斯福沒有注意來客訴苦的神情，接口說：「三百三十五本！銷路並不差！」於是他摸出一支自來水筆，在一疊紙上寫了一些數目字，塞甫臉色蒼白，瞧他在做些什麼。

總統並沒有抬頭對他看，答道：「我只計算一下，你看，華盛頓共有六十萬人，銷去三百三十五冊，現在我正在用六十萬除三百三十五，再與全美國的人口數字相乘！」

塞甫聲嘶力竭抗辯道：「總統先生，書的銷路，並不是那樣計算的。有幾州內要到西方出太陽時，才會訂購圖書，嗯，我們最近三年中，在密西西比州內，連一本書都沒有售去呢。」

總統將數字計算完畢，顯然認爲很滿意。在以後數次周末中，塞甫對這事絕未提起。他回到家中，心中老是很害怕。等到該書全部印妥時，他的恐懼，不幸竟成事實。讀者們對這書的反應很冷淡。所印的一共五千部中，僅售去三千部。多餘的書，全堆在棧房內。他躊躇了好幾個月，鑒於棧租費用的增加，對他日益不利，決定照原價讓去若干冊，將存貨全部出清，不久，便在各處舊書店的書櫃上出現了。」

塞甫很直爽的說：「那兩次周末，害我花去不少錢，但是那却是一項寶貴與難得的經驗。我在海德公園內守候他時，能夠聽見他在前面屋子內，發出清晰與宏亮的聲音。他不知爲了什麼事在詰責波吉普西市（美國城市名，係伐薩書院所在地）市長，我能夠聽到他的聲咳，花了任何代價都值得，我祇是坐在那裏，感情激動的在戰慄。」

誠實的自由份子

塞甫對於政治的看法，自稱爲「誠實的自由份子。」記得世界二次大戰在歐戰發生以後，而美國在參戰以前，所謂「誠實的自由份子」頗易中人的詭計，等得發覺他們已加入共黨主持的團體，已嫌太遲了。就塞甫而言，他很同情西班牙革命黨的立場，在內戰期間，曾親赴巴薩隆那，鼓勵士氣，他的主張，尤其曖昧不明。至一九四〇年初，美國發生大罷工，其中有幾次係出於共產黨的煽動，影響所及，軍火工業陷於停頓狀態。美國聯邦調查局奉命搜查亞伯拉罕·林肯兵團退伍軍人協會總部，此事發生後不久，塞甫接到「以人道主義標榜」的某一「委員會」的電報，邀請他與其他「傑出的美國作家，詩人、劇作家、教育家、法官、評論家和政府官員」合作，對此次非法搜捕，聯名提出抗議。

塞甫立即覆電同意加入。未幾他的姓氏在「每日工人報」一篇專稿中出現，與許多不知其所以然的人士，並列一起。他最覺發窘的是：這篇文字不但攻擊聯邦調查局，而且駁斥某一篇指摘共黨的文字。塞甫希望在「廊堂書屋華盛頓所聘」的作家們，千萬不要讀到這篇文字，當時他的情緒很懊喪。事後他雖然繼續支持西班牙革命黨的立場，他卻深信亞伯拉罕·林肯兵團退伍軍人協會，已爲共黨所收買。他頓時與它斷絕關係。最近他在政治上並無活動。他的一位素識，不久以前解釋道：「你也可以說，貝尼德稍有左傾色彩，但是他不至於左袒人家佔據波蘭領土。」

從證券號職員到經營書業

我們回顧塞甫過去的經歷，頗多曲折。他出身於紐約上麥哈頓區，是一個喚做格斯泰夫·塞爾的石印商的獨生子。他的母親是烟草批發商納桑·咸爾斯的女兒。他兒時的環境甚好，對於日後事業的成功，影響很大。

他成年後，入哥倫比亞大學新聞學院攻讀。在大學二年級時担任某幽默雜誌編輯，躲爲學生主辦的某報撰述專欄。一九一八年初的一天下午，該校教務處使役送來一節消息，擬在次日刊出，內稱凡是從軍的學生，當時所選的各學分，一律及格。塞甫本來選的是些容易讀的學程，頓時趕至教務處改選拉丁文，理化及其他艱深功課。他一知半解的嗆了一星期以後，就去從軍了。

他患着近視眼，幾乎遭陸軍部剔除。他背熟目光測驗表格的圖記，僥倖錄取，派往浮琴尼某軍官訓練團受訓。大戰結束時，他依舊留在軍營中，情緒很萎頓，他不再能混過目光測驗，因爲原先的表格，已經更改了。陸軍部不准他退伍，恐怕他回去後，因目力不佳，連帶引起公衆對軍部的指責。塞甫最後簽署文件一起，承認目光不健全與政府無關，當局才准許他解職。大戰期間，他的祖父去世，贈與他價值十萬元的財產。

一九二〇年，塞甫在哥倫比亞大學畢業，得到兩項頗愜意的學位。他爲採取父母的歡心計，在紐約華爾街一家證券經紀號內任職。業餘又在紐約論壇報內兼職。他在每天上午九時至下午五時，在證券號及交易所中工作，五時以後乘了出差汽車趕到報館去。由于他熟諳於華爾街的情形，報館請他在該報經濟版內撰寫「向投資者進一言」的專欄。他格於當局的規定，祇能勸投資者購買自由公債等穩健證券，自己卻去買賣投機性的股票，賺了不少錢，他在這種言行矛盾的情形下，所寫的文字，不免跡近諷刺。某一次，一位上年紀的寡婦寫信問他投資於某一家留聲機公司，是否穩妥，他卻逕稱這家公司已經破產，爲什麼不去買內容殷實，信用素孚的自由公債呢？事爲該公司所聞，它雖然暫時周轉不靈，卻未停業，於是以提出訴訟，威脅該報館。結果報館答應登報道歉及將原作者免職了事。

塞甫本來對記者生涯，不感興趣，對此頗覺如釋重負。他對於證券號的工作也有倦意，他想找一個機會，與作家們廝混在一起。某一天，他的機會來了。他與哥倫比亞大學的舊同學禮查·西蒙在一起進餐。後者原任鋼琴掮客，業已改業，現任鮑尼及李佛賴愛德圖書公司的跑街。西蒙說他卽將脫離該公司，與哥倫比亞大學另一同學林肯·赫斯透另組一家新書局。他答應將出缺的位置，介紹給塞甫繼任。塞甫喜出望外，立卽從餐館內打電話至證券號辭職。次日卽上鮑尼及李佛賴愛德圖書公司供職。按該公司的主持人爲賓雷斯·李佛賴愛德，他是書業中的革新派。

塞甫在書局中最初任副經理之職，這職位並不希罕，因爲李佛賴愛德所聘的副經理很多。按李佛賴愛德是一位企業家和賭徒，揮金如土，賺來的錢，往往在證券市場蝕去，或者因爲支持百老匯上演新劇而虧本。他對於當時的新作家如曲萊斯勒，奧尼爾，海明威，安特生，房龍，賓弗士等拉攏甚力。有時他等着要用錢時，就出售副經理的職位，每一人取費一萬元，讓他們在書局中分享若干權利。

塞甫很甘心付這筆錢。未幾，美國頒佈禁酒令。李佛賴愛德是個放宕不羈的人物。有時候，他的寫字間內酒販子多過作家的人數。某一個高級職員在抽屜內塞滿威士忌酒瓶，許多往來信件卻堆在桌上，迄未答覆。有幾個女優伶要在李佛賴愛德支持的劇團內找戲做，鬢絲釵影，更使寫字間內生色不少。李佛賴愛德風度翩翩，頗與大明星巴里摩亞相似，居常以大情人自命，逢到開編輯會議時，歡喜閒談他得意的戀愛史。書局中的會計主任，起立報告每天虧欠的數字，李佛賴愛德卻不以爲意，依舊在外揮霍。

塞甫初次會見的名作家是曲萊斯勒氏。此公生性好疑，對於書局送去的版稅清單，認爲不確，不時上書店來探詢實銷的情形。他佯充內行，他的目光不停的在帳册和一個女接線生之間射來射去。

有一天，李佛賴愛德邀請塞甫上禮枝餐室吃飯，與曲萊斯勒同座。他已將曲氏所著某書的改編劇本權，售於一家電影公司，取得八萬五千元，他希望塞甫在場目睹曲氏獲悉此項消息後的愉快情形。

起初，曲氏頗覺興奮，接着李佛賴愛德告訴他依照最初合約，凡是超過五萬元以上的金額，須由李氏分潤半數。曲氏頓時大怒，當着餐室內大庭廣衆之前，指斥李氏爲吸血蟲，隨手將半溫的一杯咖啡，潑在李氏的臉上，掉首不顧而去。

李佛賴愛德，用手帕將咖啡餘瀝拭去，神態鎭靜的對塞甫說：「孩子，千萬不要忘記這一件事的教訓：每一個作家，都是混蛋。」

塞甫卻把這話話當作耳邊風。他很嚮往於曲萊斯勒，正像他後來醉心於其他作家一樣。未幾，他倆得到一試身手的機會。其時李氏需款孔亟，將現代文庫的版權，以四萬元的代價，讓於塞甫經營。塞甫與另一個哥大同學克勞浮合作投資。

現代文庫與「廊堂」書屋

他們自己設了發行所，着手出版現代文庫，最初刊行者，爲色情作品，銷路平平，後來增出文學名作，同時將銷路在一千册以下的書籍删去。此外裝訂，版本，及插圖等，逐年改進，營業大見改色，至一九二七年間，盈餘已頗可觀，截至目前止，共出三百二十九種，在過去二十二年內，共銷去二千萬卷以上。

塞甫本人是一個歡喜珍本書的藏書家。他在一九二七年創辦「廊堂書屋」，出版豪華版的圖書，有售至每卷一百元者。未幾美國股市慘跌，書業連帶不景氣。塞甫趕緊改變方針，側重生意眼，網羅新作家。是時李佛賴愛德已經去世，他更無所顧忌，先後爲他拉攏的作家有奧尼爾，和大衆詩人傑弗斯諸氏。

一九三六年，「廊堂書屋」兼併史密斯·哈斯圖書公司。哈斯留任原職，名作家斯諾，福克納諸氏均繼續爲他撰稿。一九三八年，某同業的編輯，辭去原職，改至「廊堂書屋」任職。由於他的關係，與辛克萊，劉易士，文生，希恩諸人保持聯絡，於是「廊堂書屋」的作家陣容，較前更見堅強。

塞甫公餘之暇，喜與電影女星及優伶交往，博得「花花公子」的諢名。一九三五年他與擅演悲劇的女星瑪麗蓮·薛特爾（曾主演蝴蝶夫人等片）結婚。三個月以後，卽宣告脫幅。至一九四〇年與一位女作家兼演員腓麗絲·弗萊塞結合，由故紐約市長拉迦第證婚。婚後生活至爲美滿，現在已有了兩個孩子。

塞甫住在紐約東六十二號街一所五層樓的房屋內，經常舉行「派對」，在當地頗爲有名，到會的賓客，有爵奇，考夫曼，兵尼爾，卓別林，小羅斯福夫人等，均爲一時名流呢。（完）

英国

英國之戰時出版界

開戰以後之英國雜誌及新聞界。其可注意者。爲週報之發達。原來週報者。美國方面最發達者也。開戰後英國之出版界。亦盛行此種之定期物。其出版部數。竟達百萬以上。

寫眞插畫。各新聞雜誌所用也。或每號揭載之。或定時而插入。殊以有插畫之週報消路最旺。其於送至戰場及傷病兵病院外。出征軍人之家族購者甚多。評論專門之週刊。乃一變其內容。從前爲問題之事項極尠。所記載者。多以戰爭爲中心。併其發行之部數。不及有插畫之週報甚遠。

因戰爭而蒙打擊者。地方新聞也。第一紙價昂貴。第二廣告減少。經營甚爲困難。惟新聞紙所在地之軍隊之戰鬥。記述詳細之時。則其發行部數。可抵平日三四倍。又可增加其定價。

戰爭專門之繪畫雜誌。皆收奇功無論矣。但同樣數十種雜誌發行。亦以其材料貧富分優劣。

月刊雜誌。亦以記述戰爭爲中心。故失從來多數之讀者。幸而寄贈於戰地

或病院之人多。得以補償其所失。

總計其書籍之出版。千九百十四年。則新版、重版、共出一萬一千五百三

十七種。千九百十五年。則一萬零百六十五種。千九百十六年則比此更多。

牛津字典的貢獻

葉公超

有一天，在一八五七年七月間的時候，有幾位英國的語言學家——同時又都是英國語言學會(Philological Society)的主動份子——在倫敦茶會。他們無意中譚到當時所有的英文字典在各方面都欠完備和準確。譬如在一七二一年貝萊Nathan Bailey所著的辭源Universal Etymological English Dictionary裏面，「馬」和「犬」的定義都不過是『一種著名的動物』A well-known creature，黃瓜cucumbers也祗是『一種著名的水菓』A well-known fruit，後來約翰生博士開始編他那部字典，有許多地方還是根據這部辭源下手的。雖然約翰生博士的字典(出版於一七五五年)是比在他以前所有的都較爲完備，但是內中仍有許多的缺點。約翰生博士性情的怪僻和偏執是我們都知道的；他編纂那部字典的態度與方法難免也和他的性情相似，如同Oats(燕麥)一字的定義是『穀類之一種，在英國用以餵馬，蘇格蘭人則取而食之。』博士的見解如此，因爲他生平最討厭的是蘇格蘭人。他雖然沒有什麼可以開罪他們，他也得拿他們來開箇玩笑。又如同「養老金」"Pension"，「字典的編纂者」"Lexicographer"及其它許多字的定義也是同樣的滑稽，同樣的偏僻。此外屬於訓詁的字典還有理查生博士Dr. Charles Richardson的「英文新字典」New Dictionary of the English language illustrated by Ouotations from Best Authors（出版於一八三六年），但理查生也是參用多少主觀來斷定他的字義和選擇他的引證。他所引證的「名家」Best Authors都是他箇人眼光中認爲最好的文藝作家，那末，不但是他箇人的眼光不足以完全代表文字歷史上的標準，就是他那僅僅限於文學範圍內的，也不能包括所有的字在各種寫述方面歷經的釋義。當時在訓詁方面，可以說是只有這兩部錄著，而這兩部又都是以箇人單獨的學力，眼光，和最偏執的主觀編成的；其他如美國韋白士特在一八二八年出版的『美國英文字典』American Dictionary of the English language也不過是僅僅解釋流行字的意義和來源，並不能算是什麼澈底的文字的考據。他們在茶餘酒後這樣譚着，大家以爲至少也得做一番增補和修正的工作，內中最熱心的要算一位威斯明士德教堂Westminster Abbey的大主教，特稜亦博士Archbisho，Trench（1807—1886）；他一回到家裏就做了一篇論文，徹底的批評當時英國字典的缺點。後來到那年語言學會正式開會的時候他又根據這篇論文提義編纂一部比較完備準確的新英文字典。大家討論了許久關於各種可能的進行方法，後來就正式的通過，由語言學會負責編纂，不過當時多數人還是主張姑且先進行增修的工作，但是後來又決定增修還不如另行編纂的好；因爲當時流行的字典都有許多缺點，所以到了一八五八年一月七號當語言學會重開會時，他們便複議這箇問題，結果是議決根據特氏議案的精神和目的，從大規模方面，另行編纂一部新的英文大字典。這是七十年前幾位忠於英文語言學的學者所下的決心。那天他們散了會，從那和暖的房屋中走入那朦朧的倫敦烟霧裏，恐怕那幾位年紀稍大的連自己的脚步都看不清楚，想起幾分鐘前所下的決心，和那工作的繁重，再向前面灰霧中一望，誰知道他們有甚麼感想？……

在這七十年中，前後担任總編纂的有六個人，副編纂和襄助的有二百餘人，自任查考典籍，搜集篇句以引證一字一義的又不下三四千人。在編纂的工作方面，在印刷的精細方面，在裝訂的工料方面我們都不能不承認是空前——雖然我們不希望這就是絕後——的貢獻。以後這部字典在各種學術上的影響，以至於它在文化上的價值，我們在這裏也不必詳細的評論，因爲這已然是很顯明的，最近歐美關於這部字典的評論很多，就是極普通的雜誌報章裏面也多少有幾段，如倫敦泰晤士報的『文藝附刊』，『倫敦使者』London Mercury，『倫敦書人』London Bookman，『十九世紀』Nineteenth Century，『曼切施特衛報』Manchester Guardian等，在美國方面如『美國使者』American Mercury，『禮拜六文藝評論』The Saturdoy Review of Literature，『日規月刊』Dial，『世紀雜誌』Century Magazine 及其它雜誌內也都有評論。但是關於這部字典的經過，和各總編纂的傳略，及其它一切的事實要算牛津大學印刷所自己所出版的The Periodical的『牛津英文字典專號』（卷八第一百四十三號）上說得最詳盡。此外英國語言學會的紀事錄中也有不少的記載。我們讀這部巨著的經過，情節和一般編纂者的生活，就好像看着一部小說似的；尤其是想到那幾位爲它犧牲了畢生精力的編纂者，像墨累Sir James Murray，卜拉德賚Dr. Henry Dradley，克累基Dr. William Craigie等等坐在那圓形的編纂室 Scriptorirom 裏：四面牆上都像鴿子籠似的一格一格的小箱子，每一格裏藏着一箇一箇字的歷史；桌上和書架上，甚至於堆在地上的，都是稿紙和書籍；有的就許是海內的孤本，有的更許是三四百年沒見過天日的古董。在這樣的環境中，墨累頭戴着那蘇格蘭人的平頂帽子Tam O'Shanter，嘴含着一枝有了二十多年的葫蘆烟斗，直着背的（他老人家坐的當然還是那維多利亞的直背椅子）伏在一張也是維多利亞式的紅桃木的長書桌上，夢想着一箇字的生命枝節。從一八八二年四月十九日他初次發稿起，直至一九一五年七月二十六日他臨終的那天，他的工作可以說是沒有間斷過。除了擔任總編纂的職務以外，他自已還另外做了不少搜羅引證的工作。據說，他臨死的那天他正在那裏編着T部的Turn字，寫到Turn down一個成語的時候，他使覺得有些頭暈；那時候恰巧有人走進那編纂室裏，想去問他關於他前幾天所發出的稿子，看見他輕輕的放下筆來，好像一箇小學生讀倦了書似的，他的頭漸漸的向前傾斜。直到伏在他已放在案前的臂腕上。那時候Turn down兩個字的墨水還沒有全乾。

簡單的說，我們固然承認這部大字典在它內容的淵博和義釋的準確上，都超過以前所有的；但是我以爲它根本的特殊點，還是在它全書的原則上。這原則就是封面上印着的那 On historical principles『按史則』三箇字的意義；換句話說，也就是這七十年工作的標準和那一般編纂者的精神之表現。假使沒有這箇原則，這部字典的完成也絕不至於引起現在一般人對它這樣的注意。倘若當初沒有拿這箇原則來做出發點，我相信結果至多是一部較完備或較準確的字典；比較以前的不過是多了些字，增加了些新義釋。像這樣，僅僅是繼承前人的工作，當然也用不了七十年的工夫和幾千個專家的心血。我們知道以前編纂字典的方法大半是先抄錄已有各字典內的字和義釋，然後在應修改的地方加以修改，到最後一步才來編纂新產生的字。牛津大字典卻不然。它的工作起點可以說是另起了一座文字的爐灶，祇是這箇爐灶的建築就費了他們二十多年的光陰。據克累基博士說，從一八五八年起直到一八八〇年所做的都是搜羅句章以引證字義的工作。這種工作當然不是二十多年便能完足的，後來在實地編纂的時期中還得繼續進行，這二十年不過是一種開始的籌備。

我們如要領略這七十年中工作的艱難，和一班編纂者的辛苦。便先要研究他們的進行方法；知道了他們方法的精密，用心的透澈，然後才可以明瞭那『按史則』三個字的意義。分開來說，每一箇字的考據可以分作三個步驟：（一）這箇字變成英文時的形聲義是怎樣的，和因為有了那一種生活或日用的需要這箇字才由某種文字輸入英文；成了英文後這個字在形聲義方面又曾經過何種變化，內中何者於何時廢弛，何者流行至何時為止，何時有何新釋義產生。（二）集各代名作以引證一個字由最初發現起直到現今，在形聲義方面的變化和它現在所通行的釋義；有了這種歷史的排比，一個字的歷史就可以一目了然。（三）用歷史上的事實和近代方言學的方法來研究一個字的原式和這個字在其它相關的文字裏的生存和價値。一個字經過這三步的研究才送到總編纂室裏去，總編纂便將這個字的歷史放入牆上的一個鴿子籠式的小箱子裏；又要等到那個字母中所有的字都入了同樣的箱子裏，總編纂才招集那幾位負責的編纂者將所收藏的稿條，取出來分部交換審查，這種審查對照的工作往往要幾個月的工夫。以上所說的不過是他們工作中最重要的部分，至於其餘前後的手續當然也是很複雜而有興趣的。

所以嚴格的說起來，這部字典不能與以前所有的相提並論；因爲它們的原則，它們彼此的出發點和內容的結果都是不同的？不過就是拿它們有可以比較的幾點看來，也未嘗不是一件有興趣的事。

從前研究沙士比亞文學的人，身邊總不能沒有一部沙士比亞的字典；研究喬叟的人也少不了那樣一部；研究聖經文學的人，連那班自己說受了聖靈感動的教士們，也短不了一部聖經的字典或是同類的參考書；就是對於十七十八世紀一般的作品要求得充分的鑑賞，恐怕偶然間也得去領教一部專門字典；因爲有許多字的命運，像現在上海電影明星們的樣衣似的，只有一時之盛。許多這類的字，普通的字典是不去理會的。這也難怪它，它們的目的本不在求一部有完全歷史性的英文字典。它們所包括的多半是現在通行的字和少數與現在通行有關係的舊字，它們的目的僅在使人能了解一個字現行的形聲義；至於那個字在形聲義方面有如何的歷史背景，這似乎是在它們範圍外的事了。

現在我們有了這部牛津大字典，首先可以免除多少的麻煩；因為它所包含的不但是現代的英文，也不祇是到沙士比亞時代的英文；除了那十一世紀已然廢弛了的字，這部字典的範圍可以說是包括從八世紀到現在每個時代和各階級人的英文；所以現在沙士比亞的學者，喬嗇的學者，研究聖經文學的學者和受過聖靈的敎士，都可以同時翻開這部大字典來請教。就是研究「古英文」Old English 的人也可以用來做參考。

這部字典不但足以供文學研究的用，就是研究其它各種學術也可以拿它來參考。最近英國的醫學會，律師會，工程學會還有幾種職業的組織都已通過承認牛津大字典為它們各會裏的標準字典。在這部字典未完成時，它那已出版的幾部分已經屢次在英國國會裏和法庭裏用來斷定字義的疑問，可見英國人對於這部字典歷來的推重。

研究文字學的人對于這部字典的完成，當然另有一種學術上的見地。從一方面看來，這部字典的內容，尤其是那歷史的排比法，雖然好像在那裏展覽英國文字的變性；但從另一方面看來，同時又可以知道英國文字的定性。有許多日常必不可少的簡單動詞和介詞，看起它們的歷史來就可以知道它們在文字裏的固定地位。這類字的釋義只有增加產生而無變化的趨向。所以結果往往最簡短的動詞或介詞所占的頁數比較長的字要多幾倍。譬如exposition, language, nation等字不過祇要幾天的工作和幾點鐘的抄錄，便可以脫稿；但是Get

一字却要二十二個（Column）直欄（每面三直欄）才說得完它的來歷；它有七十三種正義和一百三十多種輔義。又如 Give 一個字佔了三十五個直欄。Go 字佔了三十五個直欄。但是最長的要算 Set 一個字，它的歷史前後佔滿了五十五直欄，共分一百五十四段解說；這個字自通行起到如今共有二百多種用法。這都可以表示這部字典的完備周密。現在全部字典包含得有三十五萬多字，一共有一萬五千頁，每面分三個直欄。

這部字典不但在字義方面比較以前所有的完備和準確的多，並且間接的闡明了英國文學史上許多的疑點，同時直接的又解釋了不少舊作品中雙關的字義。譬如以前研究沙士比亞的人自己都以為能解釋 "To relish a love-song like a robin red-breast" 一句；不錯，Relish 這個字是『賞識』的意思，而在這句裏按『賞識』解也還說得通，所以多數的沙士比亞學者一向都是如此解釋的；現在他們見了牛津大字典的解釋，恐怕連許多英美的專門教授都要猛吃一驚。原來Relish在這句裏是唱歌的意思；除了沙士比亞外還有幾位同時的作家也是如此用法的。這種發現在以前幾部大字典工作裏也曾有過的，不過從來沒有這次的多和關係的重要。

這部字典是七十年的工作，最後那W的一部分直到今年六月才出版。我們知道它第一卷（A字部）的前部份，還是在一八八四年付印的，全部到一八八八年才完成；這三四十年中所產生的新A字和舊字在各方面的變化，當然是無從錄著；如汽車（Automobile），飛機（Aeroplane）等字，那時都還沒有通行。因此現在牛津大學印刷所又聘請了人在那裏繼續編纂一部新的補錄，將各部出版後所產生的新字依然按照全部的方法增編起來，大約至久一年後就可以出版。以後每十年或二十年自然應當重行增編一次，才能適應現時的需要。雖然因時勢的變遷或一時的盛興而產生的字，不是都可以永久流行的；但是這部字典的性質不是僅求實用而已，它的目的是在著錄所有的英文字；因此它的價値也不僅限於文字學一方面了。以後凡關於考據及社會學方面的工作當然有許多得用它的地方，所以它在文化上的價値更是很顯明的。

在英文方面這部大字典當然是空前的實現，就是和德，法，意，瑞士，和荷蘭各國文的字典比較，也完備的多。總而言之，德文的Deutsehes Worterbuch，法文的Dictionnaire de la laugue fraucaise。荷蘭文的Weordeubook du Nederlardsche Taal，和瑞士文的Crdbok of ver Sveuska Sproaket都是偏重於現代流行的義釋，對於考據方面都遠不如牛津大字典的完備和精密。我們知道許叔重的說文是在後漢和帝時候出版的，到如今已經有了一千八百多年。在這將近兩千年中，我國文字在形聲義三方面的變化，新字的產生和舊字的廢弛，可以說是還沒有一種系統的錄著。如康熙字典和辭源那種的典籍不過是僅求解釋通行字的字義，所有的引證也似乎極散漫而缺乏細密的歷史排比，而且取材祇限於經傳史集，以至於各種子書，所以釋義的範圍因此也就狹小了。據說現在丁福保先生編的那部「說文詁林」確是比較前人的訓詁工作更進一步，但是在規模和引證上恐怕都還不及牛津大字典這樣的鉅大和細密。原來這種工作要求十分完備，絕不是一個人可以擔負的，尤其是中國文字的考據。雖然中國的文字性比較英文的爲固定，但是倘使以牛津大字典的原則和進行方法來重新編纂一部完全的中文大字典，這種工作我相信也得要幾十年的功夫纔成。

企鵝叢書

史東

凡是稍許熟悉西書的人，恐怕沒有人不知道"*Penguin Books*"（『企鵝叢書』）的吧！紅紅綠綠的封面，內容從娛樂的小說書一直到高深的社會科學，可以說無一不備，樣樣都有，而價錢只要六辨士！（戰前約合國幣四角左右。）無怪它的成爲要看西書而又沒有錢的人們的最知己的朋友了。

那麼這嘉惠大衆的『企鵝叢書』是怎樣創辦起來的呢？它的創辦人是誰呢？它目下是在怎樣的過程中出版着呢？……這一切恐怕是每一個讀者都喜歡知道的吧。

說起它的歷史眞還短得很呢！那是在離今四年前的一九三六年。有一個青年，離開了他服務着的書局；他懷着滿腔的熱誠，想實行他一向抱着的理想——使書籍大衆化！於是他開始出版一套叢書，因爲價錢便宜而內容豐富的原故，不到三年工夫，這位青年已經成爲倫敦五大出版家之一了。

這位青年就是創辦人亞倫萊納（Allen Lane），而這套叢書就是現在舉世皆知的

『企鵝叢書』。

年少英俊的萊納在創辦的時候，身上只懷着一百英鎊的資本。這一點點的錢拿來買紙張和充印刷費尚且不够，那裏還有錢來租辦公室呢？於是他在倫敦各處尋找免費的辦公室了。結果總算給他找到了。說來怪怕人的，原來是一家教堂作殯葬用的地下室！在這陰森森的地窖裏，他開始孜孜不倦地工作：把各種受大衆歡迎的名著一本一本地翻版，並且連莎士比亞的戲劇也都翻印了出來。以最低的售價，出賣最名貴的著作，它的受人歡迎是不言可喻的。不到三個月工夫竟銷去了十萬餘本。於是這出生未久的『嬰兒』，開始向着光明的前途邁進了。

現在他們已經在倫敦的郊外自建一所大廈作爲辦公處。這和創辦時的地下墓比較起來，眞不禁使人起今昔之感！

這家所謂企鵝圖書公司目下經常出版三套叢書：一種就是以小說類爲主體的『企鵝叢書』；一種是注重時事和國際政治的『企鵝叢書特刊』（*"Penguin Special"*）；最後一套就是包含自然科學和社會科學的『塘鵝叢書』（*"Pelican Books"*）。其中除了第二種以外，大都是翻版書。

據老板萊納說，在出版富有時間性的書籍這方面，他們是天下無敵的。有幾種『特刊』不到三星期就出版的。例如，法國塔布衣夫人的 *Blackmail or War*（中譯本叫外交戰爭）是在一九三八年正月的第二星期收到法文原稿的。而在二月的第二星期已經把它完全譯成英文而出版了。其間只有三個星期呀！而它的法文原本却是在六個月後才出版的！可是外交戰爭在出版後的三個月間已經銷去了十萬本！

我們在報章上時常看到著作家們的非難『企鵝叢書』售價的低廉：說是從六辨士一本的書再要抽百分之幾之版稅，這簡直是把他們的生路絕掉了。對於這一點，萊納却這樣地回答：『替「企鵝叢書」寫稿，決計不會使作家吃虧的。比方有一位作家，他一向是替一家著名的出版家寫稿的。他每於交稿時必須預支六十英鎊的版稅，可是他的書却從來沒有替他賺足這數目。他有一次替我們寫了一部「特刊」。這「特刊」在三個月間一共售去了二十萬本，而我們給他的版稅是二百英鎊！誰說替我們寫稿是會吃虧的呢！』

在企鵝圖書公司裏辦事的人都是生氣蓬勃的青年。例如那個設計封面的揚格（E.P. Young） 今年不過二十三歲。他開始担任設計工作的時候，還只有二十歲呀！就是老板萊納今年也還不過是三十幾歲，而且還是獨身着呢！

據他們公司裏保存着的正確統計，『企鵝叢書』從創刊以來，三年間一共銷去了二千萬本！

讓我們在結束這篇短文時祝它前途無限吧。

英國的企鵝叢書和塘鵝叢書

（倫敦特約通訊）

熊式一

我在談價廉物美的英國刊物一文裏（本刊第二卷第十二期）曾答應讀者諸君要來談談「企鵝叢書」和「塘鵝叢書」現在我就盡我所知向讀者報告一下。

大概讀者之中或許有人要想知道「企鵝」是一種什麼樣子的海鳥，怎樣走路的，怎樣吃東西的。有的人也許想知道「塘鵝」用血哺養小塘鵝故事的起原的。我和這書店的老板談談，我問他爲什麼不印行一本書，專談這兩種有意思的鳥。他說，「我有更好的事情要做的，沒有工夫來閒談。」

假如諸位走過書店門口，看看書店窗戶口所陳設的這些書，你一定就看見牠們的封面顏色不同，每一種顏色，都有一種意義，表示這是那一種書。比方說罷，藍封面的書，便是文學或者科學的書，自然牠們也都是「企鵝叢書，」紅封面的「企鵝叢書」便是關于戲劇歌曲的書籍。

每一本書大約有二百頁，印刷的字體並不小，所以也不傷目力。書的版本不大。您可以把牠放在衣服的口袋裏，封面是半硬半輭的紙面，倘若您另外要包皮，稍微加一點錢，他可以另外給您包皮。每一本書，只賣六個便士，這真算價廉極了。

印書公司把牠們躉賣給書販子的時候，只收四個便士，所以賣書的商人，可以賺兩個便士的利益。諸位也許想知道英國的工價這樣的高，爲什麼這些書可以這樣價廉?這是因爲他們銷賣得多，又因爲機器印刷愈多愈便利，有很多書出了許多版，每版都賣完了。比方說，有兩本書，都是關於詩歌的書，這並不算一種通行的書，已經賣了十萬本，還有別的書賣了三十萬本。

諸位知道這家印刷公司創辦的資本是多少?我準知道在諸位聽見他最初的資本才五十磅錢的時候，一定會大大驚訝的。這並不是笑話，當然到了現在，我不能够告訴諸位他的資本有多大了。不過你們諸位可以自己猜一猜。這五年之中，這家公司已經出版了六百種書，一共印刷了出賣了三千萬本。

這些書的著作者差不多全是有名的人，公司的老板說得好，著作者越有名，公司越好和他訂合同。這足以表示有名的著作者，對於他這種出版計劃多麼表同情。著作者在他公司之中所得的版權稅倒也不少。雖然他的書賣得非常之便宜，但是他賣出的本數既多，所收的利益自然就大了，比方說，大心理學家弗洛伊特所著的日常生活心理學，這本書最初出版的時候，賣價大約是十個先令左右，後來在這家公司出版的時候，只賣六個便士。這雖然是再版書，但也賣了一十一萬本六個便士一本的版子。

著作者所得的版稅，是照這樣算的：他先得五十磅，然後每賣四本，他得一個便士。有的時候，他出一本書，可以得到三百磅。倘若再印行一版，他又照樣再得一筆現款。假如著作者是已經死了很久的人，公司自然不必付版稅。那末全部的利益都歸公司得了。這家公司，直到現在一共印行了五十本古書。其中十八本是莎士比亞的戲曲。近來很多的著作家都願意在這家公司出版者就有這兩個原因：（一）因爲推銷既廣，宣傳的性質就大；（二）倘若賣得特別多，所收的版稅也不少。

每一個禮拜，這家公司至少可以收到二十本書。他們仔細審查看看合宜于他的出版計劃。若還是不合，其中就只選出兩本來出版。他們每個禮拜要收到三百封貢獻意見的書信，說也奇怪，這家公司的辦事職員一共才只有三十五個人。大家都比老板的年紀青。老板也只有三十八歲。

選書出版的事，都在三個人身上。一個是老板自己，一個是倫敦大學的教授，還有一個是成人教育會的祕書長。他們這三個人所組成的出版委員會，每禮拜開一次會討論他們出版什麼書的問題。

這些書不只是在英國出賣，還要賣到世界各地去。尤其是在美國賣得多。公司中把發行的數目給我看，每印一百本，其中就有四十本是賣到外國去的。有許多書是賣到埃及、伊蘭、巴勒斯坦、敍利亞、及伊拉克去。他們說芬蘭一國銷他們的書最多。芬蘭的都城赫新基城中有最大的書店賣他們的書。近來法國的書不能到英國來了。他們想出版一些法文書。這家公司自己並沒有印刷所，他們把要出版的書分給許多印刷所去代印，以免躭誤時間。

公司的老板的唯一目的，就是普及教育，把科學智識灌輸到大衆去。他並沒有政治的信條。無論是什麼書只要是與社會上有益的，他都出版。只要人家有新鮮的意見貢獻給他，他是一定採納的。

因爲他一成功便有許多別人也來做同樣的事情，和他競爭，但是都沒有他成功得那樣偉大。雖然有許多老書店被他搶了生意，但也不生氣，還是願意幫助他。我相信這家公司的成功大半是因爲老板本人，又能幹，又勁勞，生意才能這樣興隆。

（完）

莎士比亞的出版人

・任文編譯

學者們把莎士比亞時代的出版商人，稱為剽竊者，他們在習慣上佔着許多便宜，得以壟斷着書業；他們的剽竊行為正和他們的貪得無厭相得益彰。這些人中，頭一個給莎士比亞報酬而出版他的劇本的是丹特爾 John Danter。他在一五九四年出版了「佚脫司・安都朗涅科斯」Titus Andronicus，此一劇本大部分為凱得Kyd所作而非莎士比亞，此書接着為懷特，Edward white 和米靈頓 Thomas Millington 所出版。三年後，丹特爾繼此書從不完全的複印本用匿名祕密地出版第一部四開本「羅密歐與朱麗葉」，這是一連串不道德行為的開端。丹特爾幾乎可以說是第一個以他自已的名字從事英國戲劇的出版人。到一六〇三年佛朗涂 John Frundle 和林格 Nicholas Ling聯合出版了第一部四開本「哈姆雷特」。

我們知道莎士比亞在他的戲劇出版以前是以一個詩人聞名的，雖然他主要地以演員而兼劇作家成名。他幸有二本敘事詩「維納司和亞當涅斯」Venus and Adonis及「魯科里斯」Lucreee 出版；前者出現於一五九三年，後者出現於一五九四年，出版人是莎士比亞的同鄉，有人認為是他本人的朋友裴爾得 Richrad Field，他於一五九九年離開史脫拉佛爾得 Stratford 在倫敦瓦特羅里爾 Thomas Vautrolier 處當學徒，（瓦特羅里爾是一個法國新教徒的亡命者，是一個優秀的印刷工人，他兩次企圖在愛丁堡建立書業，都沒有多大成就，最後於一五八六年回到倫敦來，帶着諾克斯 John Knox 的宗教改革史的原稿，但被禁止出版。）跟着於一五九〇年娶他師傅的寡婦為妻而繼承其事業。莎士比亞的詩遠勝於其戲劇之能吸引人，「維納司和亞當尼斯」從它的很少錯誤看來，是由作者自已的手稿排印的。在最初八年中連續再版了七版，而「魯科里斯」在詩人在世時已印了四版，第五版印於一六一六年——莎士比亞死的一年——由雅克孫 Roger Jackson 用詩人名義宣稱為增訂本，這不過是商業上的一種詭計，其本文實不如以前各版。

在「維納司與亞當尼斯」出版後不久——一五九四年的聖誕節日——莎士比亞與其他著名劇人奉召到宮廷演劇，伊利莎白女皇和詹姆士一世一樣，公開地變成莎士比亞天才的崇拜者。李・息得尼勳爵 Sir Sidney Lee 認為莎士比亞與裴爾得的友誼關係，使他獲得一些詩集廣銷的利益，即使這是事實，在以紳士階級自居的莎士比亞看來，顯然不是重要的事情。假如他滿足於這些有限的詩集版稅的收入，他能夠認所有這些與售書人斤斤較量的人在他的品位之下嗎？值得我們回憶的是恰在一五九七年，他第一次回到斯脫拉佛爾得之後，爲提高他的家族威望，購買新的產地，在那兒蓋着大房子，他的父親被認爲在他稱頌之下，開始創用紋章，而自此以後，莎士比亞·維廉在形式上便以「斯脫拉佛爾得阿汪的紳士」自居了。他很明白，如果降身求助於任何一個出版家或售書人的話，沒有一個人能夠獲上流人的地位。息得尼勳爵 Sir Philip sidney在他活着的時候，不願拿他任何一本書去出版，如波拉 Pollard 教授在他的「莎士比亞對開本和四開本」的書目提要中說：『如果誰以金錢報酬要求出版息得尼的「詩的抗議」Defence of Poetrie 或「亞斯特羅費爾和斯底拉」Astrophel and Stella 將會有給他從樓梯上推下來的危險。』我們的假定是，莎士比亞也抱着同樣的觀點，因而很可以認爲（從他的劇本中可以看得出來）多少有點自傲，或自命是一個天生的貴族階級而瞧不起平民的人。許多事實告訴我們，莎士比亞對於所有他的劇本的出版方面，沒有一些興趣的表示，如同對於他的十四行詩一樣，曾經以手抄本流傳十一年之久至一六〇九年纔有未經認可的印本出來。依當時的習慣，劇作家一經出售他的創作（劇本）給劇場 Company of Player 以後，他們對於其作品便沒有更進一步的權益了。十四行詩也未見得比劇本好得多少。當時以剽竊爲事的出版冒險家，曾以莎士比亞的名義出版沒有價值的劇本達七種之多，竟沒有任何紀錄保存一句簡單的抗議下來。

很明顯地他現在成爲這些六辦士冒險者的搖錢樹——當時這一類四開本的一般價格如此，與現在四五先令的幣值相當——除開一個例外，他似乎對於出版他的著作一事漠不關心，有些四開本印得極壞，不僅在一般的整版方面，而且在本文重要事件之正確方面。在他活着的時光，他好像不曾全部看過他的十六部戲劇的版本，或者已經看過不曾進而去證實他們是排印無誤的。

劇作家之於他們的劇本，雖沒有任何法律上的權益，可是以莎士比亞的聲望，他儘可以責成書業公所，而把假托名義私印書的出版人找起來，波拉教授指出侵害作家，通過書業公所的罰金和拘禁，不是無法得到賠償的，也許這是很麻煩的事情，他沒有這樣做。從書業公所所作限制的實例，可從羅伯茨 James Roberts 一五九八年受托出版「威尼斯商人」的登記錄中看得出來，公所的條件是：羅伯茨或其他任何人未從張伯侖爵士 Lord Chamberlain （書業公所的支助人）處得到特許權是不許出版的。又在一六〇三年，當他得到允許出版「特羅伊勒斯和克勒西打」Troilus and Cressida 謹記「他得到充分的許可」。

純粹剽竊的出版版商人『很少冒這種危險，而甯願採取他們的受罰款和拘禁的機會去尋覓一個爲大衆所歡迎的作家。在莎士比亞著作出版的情形中，這不是一成不變的定則，但他們把他看作良好的獵物，因此騷爾普，他的十四行詩的出版人，縱能以冷靜的態度，同時在書業公所登記 并在書的裡封面 不客氣地標明 書名爲（Shakespear's Sonnets）以代替李·息得尼認爲較典雅的字句，爲作者在世時所採取的『Sonnets of Williom Sha kespear」。在海渥得Thomas Heywood的「爲劇人辯護」Apology for Actor（出版於一六一二年）中，有一個記錄上僅保的作者對於出版人的抗議，其中敍述沙士比亞痛惜雅格 William Jaggard 在一五九九年毫無根據地湊集一些小文詩假用他的名字名爲「熱情的巡禮」，Passionate Pilgrim, by W. Shakespear 而提出嚴重的抗議，由於這次抗議的結果，有些複印本中，莎士比亞在內封面的名字被抹了去。

關於侵害著作權是一種通例或是一種例外的爭論，我們無須加以論述，波拉教授在許多莎士比亞的四開本中證明，許多好的印本通常是在書業公所登記的劇本中發現出來，這些劇本是出版人得之於合法的所有人，劇場當局之處，他的原稿是作者自己售給他們的。那些沒有在書業公所登記的盜印的版本，爲數無幾，而且很清楚地與合法的版本截然不同，在我們今日的原文中已經找不到任何痕跡了。

騷爾普，他頭一個出版完全的十四行詩集於一六〇九年，是屬於一個所謂「售書階級」，在莎士比亞的出版人中，他是一個被多數承認的代表人。他們大部分就靠低價購買原稿以出版維持生活的。他們的分子對於達到他們此一目的的方法，並非十分小心翼翼的，假如劇場經理人反對去出版他們的戲劇，或者需索過高的代價，他們可以利誘窮困的演員把他們寫好的複稿贈送或出售，如果那樣做不到，他們可以派速記員盡可能地把劇本的片段記錄下來。「羅密歐和朱利葉」一劇，就是最早一本由於獲得全部或一部分複寫本印刷的。依波拉教授的見解，由這個最後的定名的意義看來，是無可置疑的。波拉更描述一些相同的劇本「溫莎的快樂太太們」Merry Wives of Windsor和「波列克魯斯」Pericles的最初不完全稿本的來源，前一書出版於一六〇二年由於蔣遜 Arthur Johnson以聖波羅教堂廣場魯斯 Fleur de Luce in st. Paul's Churchyard的名義出版的；後者印於一六〇九年由郭遜 Henry Gosson以柏特諾斯特街朱尼 The Sunne in Paternoster Row的名義出版的。

騷爾普比起其他同類的人來不算是很壞的一個人，他比多數人較爲不大幸運，因爲大多數這類人皆用這種方法作爲達到商業上，高等地位的階梯。騷爾普縱然地以無定居的出版家開始和終了他的事業，雖然在一六〇八年一個極短的期間，他發展到有一個自己的店鋪稱爲『獅頭』的，設在聖·波羅教堂的廣場中，除開三本以他的名義出版的書籍——一本是查普曼George Chapman的「查理的拜倫公爵之謀叛和悲劇」Conspiracie and Tragedie of Charles Duke of Byron另一本是強生Ben Jonson的「兇惡和美麗的面具」 Masques of Blackness and Beauty ——爲人所共知外，（騷爾普一共出版四本蔣遜的著作和三本查普曼的著作）全部與他有關的書籍，都由其他書商爲他印刷和發售。他的第一部著作戰利品是瑪羅威Marlowe 的魯肯Lucan ，這一部原稿的複寫本於一六〇〇年落到他的掠奪的手中。他贈送此第一版給他的朋友布朗特 Edwards Blunt，他在兩年前曾獲得瑪羅威的「勇士和利安得」Hero and Leander，當時僅是一個書商的助理人而已，他由於假其他書業分子之手出版該書。關於布朗特以後的事業，我們在下面還要提起，在這本書的序言中，布朗特揚言他印此書是由於尊重他對瑪羅威的眞摯友情和紀念他，以此爲辯護以對抗他的毀謗者。

當騷爾普出版莎士比亞十四行詩的第一版時，他的名爲「獅頭」的店鋪已經關門大吉，并在從伊爾得處得George Eld 得到此印刷品以後，便交給其他二個書商愛斯披萊 William Aspley和佛萊特John Wright 發售。他曾將此版本在書業公所登記，自稱爲此著作之所有權人，爲確定他的權益，他在登記簿中寫下如此令人誤解的文句：

“To the onlie beggetter of these insuing Sonnets, Mr. H. W. all happiness and that eternitie promised by our ever living post, wisheth the well-wishing adventurer in setting forth T. T.”

李•息得尼認定此令人困惑的文句與莎士比亞的生活有決定的關係。神祕的“Mr. W. H.”並非像許多學者以前所假定的一樣，說明最初發現十四行詩的青年英雄，而只是想像中的騷爾普的夥伴罷了。息得尼說：「霍爾William Hall這個書商的助理是最好的同一人，他和騷爾普一樣,是以覓取複寫本印書爲事業的人。一六〇六年在這方面W. H. 獲得一個顯著的成就，那年他宣稱曾獲得一本爲人們忽視的，於一五九五年被判處死刑的梭士威爾 Jesuit Robert Southwell 的詩集原稿，叫做「A foure fould meditation」即用 W. H. 的名義把它印出來，不免自誇能遇到發現此珍品的好運氣。當騷爾普在出版登記中自稱爲Mr. W. H. 時多少帶有一些誇大的特質，所謂「惟一獲得此出版物的人」之意，只是表明他在一羣剽竊的出版人同伴中，頭一個獲得莎士比亞的十四行詩而先受秘密出版的好處罷了。」騷爾普的冒險事業是僅有一版十四行詩出版於詩人在世時，我們已經說過，他的二部舒情詩在同一時期已經常常再版，和很多他的已出版的劇本，在他逝世前都已再版。其中有六種印了三版和四版，有二種（「理佳德第四」Richard VI 和「亨利第四」Henry VI 的第一部）已經多到五版了。

我們已經敍述最早戲劇見於印刷的出版人，米靈頓曾參與「佚脫司•安都郎涅科斯」的印行，同時並出版了三種其他初期莎士比亞劇本的四開本，由第一部「亨利第四」牽引到第二部和第三部，到「亨利第五」，最後一部是他和聖波羅教堂廣場的布士塔 John Busby 聯合出版的。對於有些這種人之利用莎士比亞的名字和戲劇著作之自由和輕易的態度，說明了學者們爲自己所做的較諸爲他們後代子孫的命運所做的多麼無足重視。（未完）

莎士比亞的出版人（續上期）

・任文編譯・

我們剛才説過，布士培是米爨頓在出版「亨利第五」時的夥伴，在一六〇二年初獲得一個出版「溫莎的快樂太太們」的特許，但和亞述爾合作。李息得尼說：「布士培和米爨頓把他們在一六〇〇年八月十四日以前對於亨「利第五」的興趣 ，以同樣的方式傳遞給坎歇爾Comhill的配維爾Thomas Pavier，一個無所顧忌的剽竊書商，他負着一六〇二年和一六〇八不名譽的再版的責任。也就是配維爾，他在一六〇〇年出版與爾得加蘇爾John Oldcastle的劇本，和一六〇八年出版「約克察爾的悲劇」Yorkshire Tragedy僞託莎士比亞爲其作者」。很多其他的僞莎士比亞戲劇和詩歌無恥地欺蒙着一般讀者，此時詩人的聲譽已經牢牢地建立了。科果得Thomas Creed是許多出版僞劇本的「剽竊者」中最壞的一個罪犯，但他在許多出版莎士比亞著作的競爭者羣中，是一個很出色的技術工人，他曾追隨彭孫培 Williams Fonsonby一個時期，印了許多早期的四開本，有些本文顯然是剽竊來的；有些有好的本文，也許是經劇作者認可的，據我們所知，他曾印了「理佳德第三」（一六〇二年和一六〇五年）「羅密歐與朱利葉」（一五九九年）「亨利第五」（一六〇〇年和一六〇二年）和「溫莎的快樂太太們」（一六〇三年）等四開本。

在李・息得尼的名著中，我們看到曾經出版一本完全可信的莎士比亞劇本的第一個出版人是懷玆 Andrew Wise，一個在聖・波羅教堂廣場設有書肆，號名叫做「天使」的小本書商，他在一五九七年出版了「理佳德第二」和「理佳德第三」的四開本，到次年兩部都很滿意的再版。一五九八年二月，他獲得出版「亨利第四」第一部的特權，但到一六〇三年將所有三本四開本的利益一齊轉移給聖・波羅教堂廣場的羅威 Matthew Lowe。懷玆有獲得莎士比亞戲劇複寫本的特別便利，因爲在他轉讓前述四開本前三年，他與另一個售書人聖波羅教堂廣場的亞斯披萊聯合獲得出版「小題大做」Much Ado obout Nothing 和「亨利第四」第二部的特權，最後一個四開本在書業公所的登記簿中特別引人發生興趣，因爲那是莎士比亞名字見於紀錄的最初機會，所有前此的登記都是僞托的。

一個較爲誠實的莎士比亞初期售書人是羅伯茨James Roberts，他與很多戲劇的出版人不同的，是他幾乎是一個壟斷者，與瓦特金斯R. Watkins握着印行曆書與預言書的專賣權，（此專賣權一直維持到終伊利莎白女皇之世，由國王詹姆士一世James I 轉賜與書業公所和牛津劍橋兩大學，到將近二世紀以後，才爲一個倫敦的售書人卡南Thomas Carnan所破壞）此種專賣權除了在一五九四年因無特權的人的控訴，認爲「是惟一解救多數貧困的印書人」的理由之下，被剝奪了一些屬於查理渥德John Charlewood）的神學的和其他的版權。似乎不久以後他娶了查理渥德的寡婦。差不多有二十年之久，羅伯茨依然握着印行祈禱書和戲單的特權，在此門路之下，他必定有特別的機會從劇場經理或演員處取得莎士比亞戲劇原稿的複寫本。在一六〇〇年，假如我們相信內封面的話，他印刷了「威尼斯商人」和「仲夏夜之夢」的四開本，同時再版「佚脫司安都郎涅科斯」，四年以後出版了「哈姆雷特」的完全四開本。在一個時期他負責印着很多「哈姆雷特」最初的四開本，但後來的研究者發現，他曾轉讓給沈枚士Valentine Simmes的印刷所承印，後者也印過「理佳德第二」，「理佳德第三」，「小題大做」的最初四開本和「亨利第四」的第二部。僅僅出版人名姓——林格和佛朗涂——見於第一版「哈姆雷特」的內封面之上。

在第一版「威尼斯商人」中，羅伯茨的身分是一個出版人又是一個印刷人，但在其他與別人合作的四開本中，大部分他好像祗是一印刷人。我們曾經說過：「假如我們相信內封面的話」，波拉教授因格雷博士Walter W. Grey的幫助，於其謹慎努力研究的結果，完成一個明智的假說，其結論是：有二個一六〇〇年羅伯茨四開本和七個其他四開本（包括第一版「里爾王」King Lear表面上是布特爾 Nattanial Butter 出版於一六〇八年，署名望·奧斯丁門附近的派得布爾The Pide Bull neere St, Austin's Gate）的日期是作僞的，而實際上是由雅加德印於一六一九年，在一個莎士比亞戲劇的集中，它比著名的第一版對開本佔先了四年。波拉教授達到他的結論，不僅由於推理，更由於一種不相同的十六世紀的技術知識。整個問題留着許多爭論，正如同許多問題困擾着研究莎士比亞的學者，幾乎沒有一個人能够滿意地把它解决了的。

此時，最安全的是轉向沒有爭論的事實來敘述羅伯茨的事業。他在莎士比亞的四開本外，曾參與其他著名的工作，包括馬斯頓Maston的Metamaphosis of Pigmalian's Image（由麥茨Edmund Matts 出版於一五九八年）和 The Scourge of Villanie（同一劇作家寫於次年）瑪甘 Jeris Markhan 的「格林維爾勳爵的悲劇」Tragedy of Sir Richard Griuvile （一五九五年） 土耳泊維爾 Turberville 的「詩歌集」Song and Sonnet 和 Euphues 的一個新版本。一六〇五年他幾乎加「特維伊勒斯和克勒西打」於他的出版目錄中，因爲那一年以他的名義在書業公所獲得特許，但劇作者似乎實行他的權利加以干涉，故不能出版。不過到一六〇九年初，此書又得到許可，見諸印行，這一次特許是給予其他兩個書商龐尼安 Richard Bonian 和華萊 Henry Walley，是由愛爾德 G. Eld 爲他們印刷的。約在一六〇八年，羅伯炎的印刷事業讓與雅加德，他有一個書肆設在西聖・東斯坦 St. Dunstan's in-the-West 教堂廣場，在那兒，他現在把他的事業發展成一個旁系，並在一六一一年成爲倫敦城的印刷家。波拉教授告訴我們，羅伯炎的印刷機件及原料，未到一六一五年他沒有取去。此一事業包括印演員表 Play Bill 的特權，這種特權，當一六二五年蒐集莎士比亞的劇本以出版著名的對開本時，雅佳德纔發現極有價值。

極可信任的第一部對開本，是屬於布朗特的，他受業於彭桑培與習印刷技術，在彭桑培與斯賓塞 Spensor 格林尼 Roberts Greene 和息得尼的阿卡的亞 Accadia 合作的偉大日子中作他的幫手。十年學徒期滿終了後，於一五八八年被承認加入書業公所。直到一五九四年，他沒有以自己的名義開始出版工作，但是一經開始，他便投身一連串的事業，使他建立了自信，除開在當時售書紀錄中佔一個光榮地位的第一部對開本外，他不僅在一五九八年以「字的世界」A world of words 的名稱出版了佛維里奧 John Florio 的意英辭典，並且受委託出版英譯本蒙泰尼 Montaigne 的論文集，是一冊伊利莎白時代最佳的譯本，此書出版於一六〇三年，那時，他僅在聖波羅大教堂的對面有一間較單間鋪面略大的店鋪，此店鋪他於一五九四年獲得的。

由於業務的發展，布朗特被迫於一六〇三年遷到聖・波羅教堂廣場的一個較爲實用的房子，取其鋪名爲「黑熊」。李・息得尼說：交易的情況，不能允許他充分地貢獻於支持作家，可是在私生活方面，他忠實地愛好文藝，因此具有交結作家的野心。布朗特曾出版蔣遜和丹尼爾 Daniel 的著作，至他和馬洛威 Marlowe 的關係，我們在論述馬爾費時已經說到了。他的其他較大的冒險事業在參與出版第一本對開本以前，包括查爾頓 Thomas Shelton 譯的「唐奎克索特」Don Quixote 此書第一部出版於一六一二年，那時他曾與巴雷特 William Barret 合作一個時期；第二部出版於一六二〇年。他與莎士比亞的名字發生關係，始於一本散文集，題名爲「愛的殉道者」Love's Martyr；或羅薩林的控訴 Rosalin's Complaint 此書包括「關於特涂和汎涅克斯的散文」A Poetical Essaie on the Turtle and Phœnix 記着作者的全名。賦如李・息得尼論及詩人的生活所說：「幸好莎士比亞未寫其他此類性質的東西」。

第一本對開本超出於布朗特或雅加德的個人財力，因此一個小規模的辛提加（企業組合）在此後若干年，每當從事於開支較大的工作時，便成爲商業上的慣例。雅加德那時已退出積極的職業活動，但他對於預備出版對開本，縱使不是處在領導的地位，也盡了最重大任務，他與劇場的關係無疑地有很大的幫助。他幾乎可以與布朗特平分此事業的榮譽，後者不僅在經濟冒險方面佔最大多數，即使在文學編纂包括出版的信任上也盡了大力。其他三個有關的書商是：雅加德．伊塞克 Isaac Jaggard 雅加德．威廉的兒子，他正繼承他父親的印刷事業，史梅士威克 John Smethwicke 和亞司披來，後者是爲驪爾普所信賴的發售沙士比亞十四行詩的二個書人中之一個，並已敍述過曾與懷慈合作出版第一本「小題大做」的四開本和「亨利第四」第二部的四開本。亞斯披來並曾參與若干種早期的工作。史梅士威克是雅加德在聖多斯頓教堂廣場的隣居，從以後他出版的「羅密歐與朱麗葉」和「哈姆雷特」二種書中，可以看出多少懂得沙士比亞劇作的價值。

第一部對開本由雅加德．伊塞克的印刷所印出來，不僅包括沙士比亞在世時所出版的劇本，且包括死後（一六二二年）出版的「奧瑟羅」Othello 但有十七種其他著作，此時尚未出版。此書的出版人僅題布朗特，雅加德．伊塞克的名字，但書末載出資印行者爲雅加德．威廉，史梅士威克，亞斯披來和布朗特。出版人在例言中宣稱，此三十六個劇本是依據眞正的原複寫本印刷的。前此的剽竊行爲，在編者致二位赫伯茨 Herberts——盆布魯克 Pembroke 伯爵和蒙哥米利 Montgomery 伯爵（前者是劇作家的贊助人張伯倫勳爵）的獻辭中，給予無可指駁的證明：「以前你們無論在什麼地方所看到的各色各樣盜竊秘傳的複印本，使你們爲有害的騙子，以欺騙和竊盜行爲所暴露出來，殘缺不全和改頭換面的東西所蒙混，現在這樣修殘補缺的完本，堪能呈獻於你們的面前，在它的分子中，所有其餘的，絕對都能一如它本來的面目。」此題辭由二位沙士比亞的老友及同僚漢明 John Heming 和康得爾 Henry Coadall 所寫的。他們以眞情辯護着，他們參加此工作「無圖個人利益與名譽的對心，惟一希望爲保存如此值得紀念的朋友與同僚，使他成爲名符其實的沙士比亞而已。」這個第一部對開本，我們文學上的最高光榮，即使不是我們在印刷事業技術上最值得驕傲的成就，也曾經以先驅者的地位保證在英國出版史佔着不可磨滅的地位。不管他們作爲印刷修訂人上如何錯誤，波拉教授說：「他們保存了將近二十個幾乎完全毀掉的沙士比亞劇本，而且印出內容大加改訂的其他幾個劇本。對於此種無法估計的利益，無論各個冒險人曾否獲得他們應得的利益，誰會說他們曾得到過多的報酬呢？此將近一千頁的第一版對開本，在當時最高售價僅二千先令，等於我們現在的幣值八磅至十磅之甫，今日此書可售八千五百磅，那是一九二八年在索瑟比 Sothaby 複印本所定的價格。

本文編譯自F. A. Mumby: The pulishersand Booksellers

英國的左翼讀書會

何凱

凡是稍許熟悉英國出版界情形的人，必定知道倫敦有一家專出進步書籍的戈倫斯書局（Victor Gollancz)。這家書店的老闆不但是一個商人，同時又是一個文化人，和工黨要人如拉斯基 (Laski) 及史特拉區 (Strachey) 等相當接近。

這裏所要介紹的「左翼讀書會」(Left Book Club)就是由戈倫斯書局主辦的。據該讀書會的會章裏所說，該會的目的，是給一般進步的市民以必要的知識，以便建立更好的社會與經濟秩序。

普通的讀書會因爲本身不是出版機關，所以所推薦的書，都是選自各家的新書。左翼讀書會所選的却全部是戈倫斯書局所出的新書。選書委員是拉斯基、史特拉區和老闆戈倫斯。

左翼讀書會的會員分兩種，甲種會員和乙種會員。

甲種會員入會時須填具入會書，期限爲六個月，保證每月購買該會所選的新書——六個月共買六本書。但他不必付任何會費，只要在收到書時，繳付書價。這書價一律是二先令六便士（照官價四萬八千元計算合國幣六千元），不論該書的原定價是七先令六便士，十先令六便士，或十八先令。

會員除了須購每月推薦書以外，毫無任何其他義務。他每月可以收到一種會報，叫做「左翼新聞」。這是一本三十二開的刊物，每期有三十二面至五十六面的篇幅。上面載着拉斯基、史特拉區等所作的政治論文。此外，它又按期發表廉價書目，以供會員選購。這些廉價書大都是新書，只有一小部分是再版書。定價照原定價三折到五折不等。

讀書會另外又編印一套指導小叢書，作爲重要問題的基本入門書，例如：「貨幣」、「失業」、「猶太問題」等。這些叢書的普通定價是一先令，它售給會員的價錢是半價的六便士。而以上這些書，購買與否完全聽任會員自由。

最後，左翼讀書會又和勞倫斯魏沙特書局 (Lawrence & Wishart) 訂有特約，凡是該局出版的書籍由會員購買時，可得六折優待。勞倫斯魏沙特書局出版馬克斯和恩格斯的大部分著作，並且是列寧著作的獨家出版者。

會員的入會證雖是直接送交讀書會，但是每月的推薦書及會報，須向讀書會所指定的一家書店收取，一邊取書一邊付款。

以上是指甲種會員。至於乙種會員是怎樣的呢？這是爲適應另一部分人而設的。他們對於左翼讀書會雖然感覺興趣，頗願加入，但是（一）不能每月付二先令六便士，共付六個月，合計十五先令；（二）覺得他們不能每月讀一本書；（三）只需要更有刺激的書——這就是說，同是屬於左翼理論的書，但卻有着一般的趣味。

乙種會員每隔一月收到一本推薦書——這些月份是十二月，二月，四月，六月，十月（這叫做『活動的』月份）。在其他各月（叫做『不活動的』月份），他們將收到該月的『左翼新聞』，他們不能拿活動月份的推薦書去交換不活動月份的推薦書。

他們也必須加入六個月，但只須付三本書的代價。每本書須付三先令六便士，較甲種會員對每本所出的代價稍高。在六個月中他們須全部付十先令六便士。

在活動的月份所推薦的書，大都是比較輕鬆的新書。它們不像在不活動的月份所推薦的理論書，需要細心地研讀。

乙種會員也和甲種會員同樣具有購買廉價書的權利，而其代價也完全相同。至於不活動月份的推薦書，乙種會員雖不能在出版的月份購買，但是每半年該會舉行過期書大特價時，乙種會員可以用二先令六便士的定價買到大部分這些推薦書。

記得從前生活書店也由韜奮先生辦理過這樣的讀書會，辦法和這左翼讀書會非常相似。在這書價日高的今日，希望生活書店再來辦一下這樣的讀書會，以減輕貧苦讀者的負担。

出版家——約翰·茂萊

約翰·茂萊(John Murray)

在倫敦一條恬靜的街道上，有一個著名的出版所，招牌上簡單地寫着『約翰·茂萊』。原來『約翰·茂萊』是十八世紀的出版家，二百年來，他和他的後代從未脫離過出版業。

在這二百年中，不知有多少作者和詩人曾在茂萊的出版所裏進出。對於稿費的支出，茂萊是從不吝惜的，所以祇要詩人們願意把他們的文稿售給茂萊，他們就不會再過兩袖清風的生活了。

安靜地坐在茂萊出版所裏，會使人不禁想起往昔的許多大作家，如巴倫、華爾脫、施高脫、利文斯東、達爾文等，他們所著的許多不朽書籍都是由茂萊發行的。

巴倫是一個經常和窮苦掙扎着的詩人，老茂萊的兒子曾以六百鎊的高價購買他的『貴公子漢洛德』詩集中的一段而使他不致潦倒窮途。後來巴倫也曾幾次三番地受到莫萊家的接濟，前後共收到稿費兩萬英鎊。

世界上有許多偉大的事業都是由很卑微的幼苗做起，茂萊的出版業也並不是一個例外，在十八世紀的中葉，有一個年輕的蘇格蘭人，名約翰茂萊，本來是當海軍的，在倫敦的報館街開設了一家小小的書店，開書店本是一件很平凡的職業，然而約翰·茂萊卻在二十五年中建成了偉大的事業，在一七七八年的十一月二十七日，第二代的茂萊出世了，由於家境的富裕，小茂萊受到頭等的教育。自拉丁文、法文、數學、幾何、天文、地理、哲學、舞蹈以至軍訓，鋂一門都學到，至於他能吸收幾何，那是無從知曉，然而當老茂萊離世長逝的時候，小茂萊已是一個多才多藝的人了。

在一八〇九年的二月一日，小茂萊開始發行『鋂季評論』。轉瞬間，銷路就增至一萬二千份，因爲當代的許多天才作家都爲他寫稿。到一八一二年，茂萊自報館街搬到阿爾伯瑪爾街，營業的範圍一天擴大一天。正當這時茂萊終識了巴倫，巴倫就常到他的出版所裏去銷售文稿。他們倆很合得來，巴倫稱茂萊爲『出版之王』。可是巴倫常喜歡隨身攜帶一把小刀，在茂萊的書架上東割西割，以致許多裝璜很好的書籍都被這位不負責無拘束的詩人割破了，這確使茂萊感到頭痛。

一八一七年，寨福爾克的工人階級詩人喬治·克萊伯到倫敦來後也找到茂萊的出版所裏去銷售他的著作。茂萊以三千鎊的代價收買他的詩集。克萊伯起初感到很滿足。然而他的友人們嫌三千鎊爲數太少，克萊伯就又把他的稿紙到別的出版所裏去兜售。可是別的出版所肯出的稿費還不如茂萊。克萊伯又寫信給茂萊，說他願意接受那三千鎊。過了一些時，克萊伯因爲沒有接到茂萊的回音而焦急起來。於是就委託兩位友人去詢問茂萊的意見。茂萊卻回答說：『是呀，我已收到克萊伯先生的來信了。這件事不是已解決了麼？』

正因爲他的慷慨，英國的許多大作家都自願投到他的門上來。

當梭賽在一八一〇年爲『鋂季評論』寫了一篇關於奈爾遜爵士的文章時，茂萊特以單行本出版他的作品，並付他一百鎊的代價，梭賽受到這樣的鼓勵，就致力寫或『奈爾遜爵士史』，而致名利雙獲。

茂萊在早期的成就中，倫黛兒夫人的烹調術一出可說是替他賺了不少錢。比之巴倫的『貴公子漢洛德』的利潤更厚。另一本銷路非常廣好就是茂萊自己所寫的『英國開國史』。出版已有一百一十年的歷史，到現在還是很風行。

對付這些作家們，的確需要一些本領。因爲他們多是必志不定，放浪無羈的，這種放肆的習慣很容易使他們變得一貧如洗。所以當他們逢到生活据拮的時候，他們就自然而然地跨進了茂萊的大門。

一八四三年六月二十七日隨着茂萊的逝世，第三代茂萊繼任了祖先的事業。

現在茂萊的出版業已由第五代承繼了。這一位茂萊爵士，曾在軍隊裏建立過大功，現在他還身兼『鋂季評論』的主筆呢。

法　国

法國出版業概況

景蘭墅

上海呂班路震旦大學舉行的法文書版展覽會，已於九月廿七日下午閉幕。參觀過這次書展的人，除去通法文的在外，大致祇感覺「滿目琳瑯」，而對法文書版的特色仍嫌無充分認識。所以非有更詳切的說明不可。

一般人想像，法國是文藝發達的國家，她所出版的圖書，當然也以文學藝術居首了。錯是不錯，其實歐戰以還，法國出版事業，突飛猛進，一日千里。印刷技術，也不落德美等國之後。實際上出版的範圍，可謂各科具備。自文藝書，敎科書，以至專門技術書和通俗化的科學書，自極昂貴的豪華版，以至極便宜的普及本，旁及樂譜，明信片，畫冊等等，都有大量的生產。非法文的圖書也有相當的產量，那是供給國外市場的居多。法國出版業大都薈集在法京巴黎，約百餘家（外省較少）而且各專一門，不像我國書業的百科化。例如 Larouss 書局，以百科辭典擅勝；Hachette 以精本文藝書見長；Doin 和 Masson 專出醫學書；Dunod, Gauthier-Villars, Baillere 專出科學工業書；Nathan 專出中小學敎科書；Morance和 A. Levy專出美術書；A. Michel和 Calman-Levy 專出文學小說等書。即使偶爾破例，出幾種他科的圖書，也不足掩其特長。法國的出版家，兼營印刷的極少。通常是向著作人手裏買到版權，交給其他專門印刷廠和裝訂廠去製作。和一二八後商務印書館剛剛復業時的情形一樣。不過他們以此為常法而已。印刷機器紙張等原料，皆由本國自足自給。印刷廠大都散處法國北部各省區。

書商間的團體組織，有「書業公會」，成立於一八四七年，出版一種「新書週報」，逐期介紹全法新出版物，大致以內政部登記圖書表為根據。不過法國的圖書登記，比較我國辦理得整齊嚴格些，所以也比較可靠些，（依一九二五年政府所頒法令，凡新出版的圖書，都要注明年份。）現在這書業公會有一種偉大的新計劃？就是預備出版一部「法文圖書總目」，大約可以包括子目兩千萬條以上。

法國所出版的圖書，國內銷場自然很大。至於國外市場，現在也力圖擴張。歐戰前，多由萊城（德國書業中心）轉口的，現在已收歸自營。有一個聯合組織，代辦各局出版品的機關，叫做「法國圖書總局」Maison du Livre Francais 專司國外市場推廣的職責。它除以世界各國兼通法文的智識階級為廣泛顧主外，尙有因同文關係的幾個歐美國家，如比利時，瑞士，坎拿大，羅馬尼亞等國，更為法文圖書銷行的尾閭。外國文的圖書（班衙文）多銷南美阿根廷巴西等國，文藝書多銷意大利，歐戰後的新興國，如波蘭，捷克，南斯拉夫，都是法國的友邦，近來逐漸也開闢一條法文書的銷路。日本也每年向法國採辦些法文教本。法國平均每年出口圖書約百五十萬冊（三百萬公斤）內中尤以通俗書及小說為大宗，一九三四年統計出口額約有四千九百萬佛郎。

法國書的外形，常是毛邊，不切去紙的摺痕；不過封面都印刷得很精美別緻。至於精裝本則直是一種藝術品，別具風格，爲英美和其他大陸國家的產品所不及。一九二九年，巴黎國立圖書館開過一次古代裝訂展覽會，把全國所藏精品搜羅在一處，頗極一時之盛。一部份法國書痴，(Bibliophile) 對於裝訂美術的鑒賞較之我國喜玩金石書畫等古董的人，感到同樣强烈的興趣，甚至節衣縮食，爲購求一種精本的都有。例如這次震旦書展中參加陳列的法國教授邵祿氏(Mr. P. Chollot)所裝幀的一套書，是用各種不同的獸皮和別出心裁的格式製成的。邵氏半生的業餘心血和精神，都花費在這幾本書上，眞可稱爲「裝潢迷」了。(邵氏著有「業餘裝訂」一書)

這次上海「法文書版展」的能够實現，以法國政界人物 Honorat, Hoppenot 和法國書業公會會長 Gillon (即辣羅斯書局總經理) 的力量居多。北平圖書館的一部份美術圖書，由袁守和先生親向法大使館接洽的，其他古版書本也有向本市徐家匯藏書樓商借的，也有是本市法文書店 Ceson-Bonardel 君參加陳列的。

新書部份，除少數指定捐贈震旦圖書館和會後應轉運北平的以外，其餘都想在上海賣掉，不過不是震旦大學圖書館經手，而由本市環龍路二號紅鳥書店 (海上唯一法文書店) 經售，該店有專人在會場接洽，參觀者看中了某種圖書，可以預先定下，候會後付欵取貨。(轉錄九月廿七日大公報)

金元鎖練下的法國出版事業

法・瓦里索作
雲　長譯

「托辣斯的報紙與報紙的托辣斯」——這兩句話是人們通常用來說明金融資本對出版事業的壟斷及其對於所有出版和發行報紙的工具的統治的。

在法國，「時報」就是屬於臭名遠著的「鋼鐵委員會」和「煤礦委員會」。（這是兩個煤礦和鋼鐵工業家的組織，這組織的領導人是著名的財閥溫德爾、席尼德、柏葉林霍夫、勞倫等等）。「巴黎晚報」和它的各地新聞網是在巨大的紡織和食糖企業所有者手裏（例如普魯佛斯、貝恩等）。通過「哈瓦斯通訊社」，「巴黎荷蘭銀行」控制了「費加洛」、「日報」、「晨報」和其他幾個報紙。

在戰爭期間，共產黨領導了法國的反法西斯鬥爭，由於他們反對侵略者的英勇鬥爭，共產黨的新聞從業員柏里，桑貝等人保衛了法國民主的出版事業的光榮。

在那些日子裡，人民反抗希特勒侵略者和爭取民主改革的意志，在全國抗敵會的綱領裡充分地表現了出來。這個綱領講到保衛新聞自由、榮譽的必要。它也提到，許多人却在保衛國內的財閥和國外的勢力。

解放後，法國的反動派——戴高樂派，人民共和黨和右派社會黨——用了種種方法來阻撓這個綱領的實現。而且，依照美國帝國主義者的訓令，戴高樂，皮杜爾和萊翁勃倫將法國報紙從屬於國內的財閥和國外的勢力。

路易・阿拉貢最近在文學雜誌「法國文學」上寫着：美國『讀者文摘』的巴黎版，曾經給他鉅額美元，企圖換取他對這雜誌的合作。

路易・阿拉貢是一個共產黨員，他拒絕了出賣他自己。

但是有一些作家，新聞記者和報紙老闆，他們以前曾經從希特勒的「慷慨」裡獲過大利，今天已經毫不猶豫地從美國大富翁手裡領取金元了。

紙張的增價，運輸，印刷和報紙發行上遭遇到的許多困難已使美國掌握着法國的出版事業。

根據「聯合國文教會」的調査，法國報紙整個銷路已向下降，在一九二九年銷二千萬份，而在去年底僅銷一千三百五十萬份。在同時期內，紙張的銷費從三十四萬噸降落至二十萬噸。

和波蘭的情形比較起來，美國勢力和馬歇爾計劃對於法國所產生的不良影響就變得更加明顯了；根據「聯合國文教會」的數字，波蘭報紙的銷路比一九四〇年整整增加了一倍。

一九四六年萊翁勃倫和貝爾納斯所簽定的美法協定絞殺了法國的電影工業，並且威脅到飛機工業。事實上，法國出版事業的命運和這兩種工業的命運並沒有什麼不同。

藉着在供應紙張上故意製造的困難，法國政府强加了許多使這些報紙 直接依附於金融大 亨的條件。

一些接受着秘密津貼的，服務於國內外大資本家的報紙正在反對所有報紙實行賣價的提高，雖然生產的成本却在節節上升中。例如，紙的價值比戰前高過了十三倍，運輸高過了二十倍，印刷甚至高過了三十倍之多。

與收買法國報紙同時，美國的獨佔資本家們一面又在專心致志地設立他們自己的報紙和雜誌的歐洲版。

美國政府運用着一千萬 美元的特殊 基金在支持「時代」，「生活」，「新聞週刊」，「讀者文摘」，「紐約先鋒論壇報」，以及「美聯社」「合衆社」和「國際新聞社」等的歐洲版。在一封給巴黎印刷工人聯合會的信中，「紐約先鋒論壇報」說：在馬歇爾計劃的組織裏，供給作爲傳播消息的目的的信用貸款是對所有屬於美國來源的報紙，雜誌，通訊社和其他各種不同在歐洲傳播新聞的組織保持公開的。

以法文刊行的「美國來源」的刊物是 數不淸的，各式各樣的。他們以各種不同的形式出現，如兒童刊物，電影雜誌，聖經，猥褻的小報，偵探故事等等。由於大量廣告的作用，在法國出版的「讀者文摘」，有好幾期銷路都超出了四十萬本。

但是，美帝國主義却不限於以這些形式來作文化的侵略。

當他們每天閱讀着世界新聞時，千百萬的法國人都並不知道這些新聞實際上毫無例外地都是赫斯脫和其他美國反動報閥的辦公室裏製造出來的。

法國報紙上差不多所有關於外交政策的消息，

都是從美國通訊社來的；例如「合衆社」，「美聯社」，「國際新聞社」或者英國的「路透社」。

法國的「法國新聞社」大半只是把美國通訊社的這些受美國國務部命令製造出來的電訊翻譯過來而已。

美國也發行其他的新聞故事，沒有任何變化總是以赤裸裸的卡通或報告來翻版一切揑造的反蘇新聞故事。

美國的「援助」是不僅限於「美國來源」的報紙和雜誌的，事實已經證明，陰謀分裂勞工陣營的所謂「勞動力量」的領袖們和他們的機關刊物是接受美國金錢的。

像萊翁勃倫的「大衆報」和人民共和黨的「黎明報」，假如沒有美援也能夠支持，是難以想像的。因爲他們自己是根本不可能解決經濟上的困難的。

以他們淺薄的反蘇攻擊，挑撥和投合一般人所好的製作，像「週末晚報」這種戴高樂系的報紙，祇是證明了他們是嚴格地遵行着那些給他們錢的人的訓令。

因爲通敵而在解放之後被封閉的一些報紙，最近已經重新出現了，並且，在「私人企業自由」的名目之下，無理地要求着退還他們的印刷所。同時，亦可以看出，新聞事業在一天天更加集中。㊂

赫斯脫和麥考米克用以製造報業托辣斯的各種方法，現在正被法國採用着。三種晚報——「法蘭西晚報」，「巴黎新聞」，「急進報」——最近正實行了合併。「法國行動派」的加索地先生坐上了「急進報」的編輯桌子，戴高樂系的巴爾斯主持着「巴黎新聞」，社會黨的龍波特主編着「法蘭西晚報」。

除了曾經在戰前會見希特勒不止一次並把他的會見記到處傳播的巴爾斯而外，領導這個新近合刊的報紙的還有「巴黎晚報」的拉蘆里夫，大托辣斯的兒子席奧勒和財閥布蘭克。去年，布蘭克的「法蘭西晚報」承認過它曾經從戴高樂的特務組織中獲得一千萬法郎的款子。

六月底，巴黎舉行了一個國際報紙和雜誌發行人聯合會的成立大會，其目的之一就是「要在馬歇爾計劃組織內調整紙張的分配」。法國資本家的出版事業，現在可以說是整個地在美國帝國主義者的掌握之中，美帝國主義者正在以文化戰線的攻勢來配合它經濟和政治的攻勢。

德 国

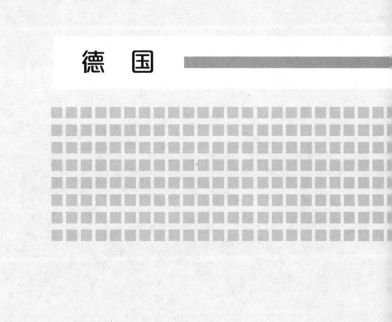

德國之書籍營業

F. H. Reeve原著
毛宗蔭譯

德國之業書商者，最近曾有年會之舉行。代表之出席該會者，均藉之得以回溯已過一年中之情形，而足能證明，此項業務，已有極重要之改進。

書業之經濟地位

在一九三四年中，該項商業之經濟狀況，依然如恆，並無重大變化。惟屆本年聖誕，則較一九三三者爲佳；尙可稍補全年中不景氣象于萬一。

德國書籍之出口，仍四倍于入口。今試以一千馬克爲單位計之，書籍出口，在一九三三年則爲三〇，〇二二而在一九三四年，則已減至二五，一一三；同時入口則亦由七，七三一而降落至六，七九〇。推原其降落之故，皆因書價一致減低之所致。本年德國書籍之售價，較之以往蓋已減至百分之六矣。

書籍出口之入於英吉利者，今仍以一千馬克爲單位表之，在一九三三年則爲一，二二二，迨至一九三四年則已降至八六六。入口之輸自英國者，亦由四五四而落爲三〇四。雖然如此，德國書業，在列國市場內，仍佔有過半數優越之地位。以各國書籍之入口量言之；在奧國者，德國書籍，竟佔百分之九一；在捷克斯拉夫，則佔百分之七六

・五；在波蘭則佔百分之七三；在瑞士則佔百分之五六・五；而在荷蘭者，尚佔百分之四八・六。至其他各國書籍之入口，德國者亦較他國爲多。惟在英國者，則僅佔百分之四・九，而較任何國家者爲少，僅處末位焉。

世界各國于文物交易上，均形退步，此已爲普遍之情形。今按二十一國中書籍入口之總數計之，在一九三三年則較一九一三年減至百分之三七・五。在此時期中，法國出口，則已低落至百分之六十；而美國則爲低減至百分之五五諸國之一。但僅英國成績尚稱小康，而較他國爲佳焉。

國際間書籍交易之量數，其銳減如斯，但書籍之出版量則反是，殊出意料。間有數國，竟較以往十年中，產量加倍者。試觀意大利之統計，在一九二四年一年之產量爲五・〇四二，然在一九三三年，則已增至九・九一八。他如日本，在一九二三年，僅有一〇・九四六，而再觀其一九三二年之總數，則已突漲至二二・一〇四矣。其他各國，亦均如此，奇哉！

書業會社之組織

無論其爲著作者，出版者，書籍販賣者或貸與者，均須加入國家知識產物會（Reichschriftumskammer）。該會係創于一九三三年之末葉。創設之始，該國政府曾聲言謂，而今而後，不僅操出版業者，即著作者，以及藝術家等，均須在該會引導下總動員，爲社會之幸福而工作。並決不許著作者，自是其是，立言偏私，而任意出版。

在其他歐洲各邦，如法蘭西，英吉利等，藝術家以及從事文物業務者，亦多有此項組織。但爲自由組織，加入與否，任人之便。惟在德國，對于該會之加入，則已視爲當然之義務矣。

上述之組織，固爲書商而設，然其任務，則不只爲管理商務，而兼司防止淫穢及禁制煽亂出版物之發生。同時並竭力從事于維持文化。該項責任，則操之於著作者，出版者，以及書商之手，而在政府及強有力之自治協會指導下，共同努力進行。

當知識產物會之始立也，書商尚多有加入書業公會（BoersenVerein）者，但該種組織之不適宜，早爲一般人所不滿。蓋書業公會，原不應專爲書販而設，而出版者，書籍批發商，以及零售者等，均當屬之。自表面觀之該會之與知識產物會，似乎殊途同歸，然經一載之經驗，此二者殆已格格莫入，而戛戛乎其難相容矣。

德國書商之新協會

國家書商協會（Bund Reichedeutscher Buchhaenbler）係最近創立于一九三四年九月廿六日。書業公會之會員加入，仍屬自願。但書商協會則不然，蓋凡屬書賈，以及租閱書處之主人，均須加入之。最近該公會員已達二萬五千五百餘人之多，而冉視夫書業公會，僅存七千六百五十餘人，則小巫之遇大巫，已相形見拙矣。該協會之各地支會，已有五百七十四所。各所均須派代表至三十三不同之地方，舉行會議，而各代表等並須輪流代表出席于總會。

書業公會之主席與副主席，與書商協會者，均同爲一人。此項辦法，蓋欲使雙方各自進行其職務，而同時可免工作之互相重複故也。至於書商公會，今則仍繼續其從事討論實價之漲落，折扣之大小，以及關於法律上之種種問題等類工作，以其經驗之宏富故耳。

書籍出售對學生之折扣

學生購書，向有特殊折扣。例如在一九三四年，書業公會曾與德國學生書店 (Deutsches Studentenwerk)——該書店售書，對於學生向打折扣——訂立合同。將來學生書籍之供給，均須經過該項書店。信用卓著之學生，於購科學書籍時，並可只用三馬克再扣八五折。至其所減之數，則由出版者與書商，各任其半。該店更聲言，此項書籍，以售罄爲度；而决不再多售云。

書店學徒屆滿徒時應入之學校

在一九三四年書商界極重大之革新者何？厥爲萊比錫國立書商學校 (Reichsschue des Deutschen Buchhandels) 之建立是。該城中無論任何書肆學徒，每屆學徒期滿，則務須受課於該校。惟其期限．只有一月，頗嫌短促。嗣後尚望延長至三月，則庶幾矣。

該校每歲授課九月，每月授徒可七十至八十人之譜。至其課程，則略授以書商史，售貨實習，文學史，以及近代政治學文化概念等。講義之編制，則經嚴正之計劃，力求簡單，而忌淵博。學徒在受課時期內，學校當局，不時延請文學名士，政治專家，或書商代表等，蒞校講述。並時或引領學生參觀種種規模大小不同之書籍批發商，出版所，印刷局，及書店等，俾該生等，增廣聞見。

青年之書店店員，在一生中之最短期間，得識海內各地書商之先進，並可洞悉全世界馳名書之業中心——萊比錫——書籍貿易上組織之情形，實幸事也。不如但此，渠等並可接近素稱目錄學寶庫之德意志圖書館 (Deutsche Bücherei)，藉可隨時能探討書商之不能解决之種種問題，則尤足幸矣。

該國政府當局，已經保障，該生等在畢業以前，在新國家內所需要之知識，均能授之。並使該生等，在服務社會時，能介紹讀者，以良好書籍，而可充分傳播良好思潮。此蓋該政府，欲造就青年書商，俾成爲本國宣揚文化，及社會主義觀念之良好宣傳者耳。

茲爲各地青年書商資格之考核，俾成全才起見，該校校長並須擔任在各書業中心所組織之書商夜班。該地等青年書商之資格考試，亦並由該校長管理之。

出版者及審定機關

德國出版界，因對於出版事業，須步步愼重，以合乎法律，故必有管理此項事務之組織，以審定之。在一九三四年七月一日德國國家出版事業促進社(Reichstelle zur Forderung des deutschen Schrifttums) 于是乎應運而生。該社職務，係專爲注意出版物論點之限制。至其組織法，則包括德國文化協會代表一人，以及書業公會，出版者，與德國國家宣傳部各一人。

最近以前，書籍之曾經該社審查及審定者，已數千餘部。書籍之經該社審定而介紹于讀衆者，皆係已認爲有價值及能依循新政治與新文化思想之作品。當書籍之付審察時，該書著者或出版者，在繳少許費用之後，即可將該書稿本，呈請該社，俾便批判。該社于收到後，即交負有聲望之學者，以審察之。最近該社對於此項工作之進展，殊可驚人。至其進展之程度，則該社房舍已不足用，而勢必擴充矣。此蓋審察員爲數激增之故。聞此項審察員，初只二十八，而今已逾四倍以上矣。

今日德國所有出版物，出版者大多以得呈請國家出版事業促進社爲幸。何者？冀獲該社證明書，以作良好廣告之用故也。其法，係將該出版物售價之一部，繳納該社，該社即可發給證書，或將此書書訊詳載該社月刊之上。

凡經該社審定批准之出版物，均編成書目。出版者可用作觀摩之具，而圖書館于採購圖書時，亦可作選擇之顧問。此項書目，例如兒童讀物一覽。社會主義國家圖書館書籍百種第一集，第二集等皆是也。

圖書之廣告

爲謀圖書廣告於社會，而促進其效率起見，德國已組織關於此項之委員會，並頻頻舉行展覽會。如遇特別事故發生時，則恆藉其機會，而舉行之。如屆德國聖經日，德國農夫日。游泳週，及航空週等期間，均分別舉行有關於上述種種圖書展覽。曩者，只有圖書週之舉行，迨後經努力之結果，於是乃引起各界之興趣。即在其他各邦，亦有圖書週之說，而在本年中，各有舉行。法蘭西在五月間，曾開十年來法國出版業展覽會於巴黎。同月西班牙在馬德里(Madrid) 街市上，亦曾陳列書籍百餘攤，在陳列期間，購書者，可有九折之優待。他如羅馬尼亞 (Rumania) 及保加利亞 (Bulgaria)在本年內亦各舉行圖書週一次。

最近德國圖書貿易，則仍在改進中，正如其國家全體之情形然。至其傾向，以吾觀之，蓋限制各人單獨自由之發展，而進爲注重團體化歟？

德國猶太人的出版事業

——柏林通訊

鈴木直吉

自從一七五〇年摩塞・滿德桑（Moses Mondelsohn）底倫理講演者出版以來，在德國就看到許多猶太人報紙及定期刊物底發行。尤以一八三七年創刊的大猶太人新聞是最優秀的一種，直到一九二二年才告休刊。但因爲還許多出版物，其讀者層都在不斷地變動着，缺乏持久性，結果到一九三三年，猶太人底出版物就不得已引起了根本的變化。

在納粹統治下的現在，猶太人底出版事業，正受着顯著的限制，然亦還有四十八種報紙及定期刊物底發行（見另表。）在德國的猶太人約有四十萬，而發行總數則有三十萬份左右。

，這些出版物就其性質上來區分，可大別爲五類。其中屬於第一類的六種，是猶太人社會所有事件底報告機關。以猶太人政論（Jüdische Rundschau），以色列民族新聞（Israelitische Familienblatt）及猶太民族新聞等爲最著名，發行數日總共約十萬九千份；幾乎所有猶太人家庭，就是它們底讀者。特別是猶太人政論，爲猶太民族運動底機關報，創刊於一八九六年，是現在德國每週發行二次的唯一猶太人報紙，發行數目爲三萬七千八百份。猶太民族新聞與前者主義不同，是猶太人中央聯盟底機關報，其前身是創刊於一八九五年的德意志帝國月刊，於一九二二年改爲週刊，繼續出版，發行數目最多，約有四萬份。以色列民族新聞則與前二者都不相同，不受大組織底支持，帶着地方的色彩，有柏林版、佛蘭克富（Frankfurt）版、漢堡（Hamburg）版之別，大概持中立的政治立場，發行二萬二千份。歐洲大戰後發刊的盾（Der Schild）是德國猶太人在鄉軍人會底機關報，爲一消數一萬五千份的週刊。同時出現的力，是該會底體育聯盟機關報。次於這些大刊物的，有布勒斯拉（Breslau）底猶太人報（Jüdische Zeitung）及一九三四年發刊於柏林的政治經濟新聞巴列斯諦拿新報（Palästina Nachrichten）二者都是週刊，前者發行一千五百份，後者發行五千份。

屬於第二類的，是猶太人新聞社編輯的宗教週報。在種種意義上，因其政治的反動，今日不但宗教事件就是範圍廣大的日常社會事件之報告，也要受限制。在佛蘭克富的人們中，一八六〇年以來，有信奉正教的週刊以色列，這是現存最古的猶太人報紙，發行約四千份。漢堡底德意志以色列新聞，發行約二千份。還有汎猶太人新聞週刊及猶太人社會改造新報（Mitteilungen der Jüdischen Reform gemeinde）都帶着自由主義的傾向。

屬於第三類的社會刊物，歷史比較短，除一九一一年創刊的柏林社會新聞外，大概都是歐洲大戰後才發刊的。隨着特殊的德國社會組織底變革，社會與經濟的問題，驅策着他們團結起來，猶太人社會刊物遂具有重要的意義。與這現實相應而發刊的刊物，竟達二十三種之多，其中有五種是週刊，有十二種是兩週刊或半月刊，有六種是月刊。這二十三種裏面，要算柏林社會新聞最大，發行五萬一千份；沙布柳肯（Saarbrücken）底猶太人集團新聞最小，發行數目祇有四百五十份。此外還有與地方集團不同的小社會刊物，發行於卜洛層、秘龍、威爾丁堡等處。這二十三種社會刊物底發行總數約達十一萬份。

屬於第四類的，是科學與文化政策的月刊。早晨（Der Morgen）是優秀的猶太人團體底機關雜誌，發行數雖僅一千四百份，但它是一九二五年創刊的有特色的刊物。爲猶太人文化團體底指導機關而隸屬於柏林、佛蘭克富、克隆與漢堡等處底大組織的刊物，亦有種種。此外還有屬於各小文化團體的刊物。

第五類是職業團體底刊物，約可舉出九種。柏林發行的馬卡比（Der Makkabi）創刊最早（一九〇〇年），銷數亦最多（五千份。）一九二八年創刊的修威特侖費霸德（Schwesternverbandes）創刊最新，消數則與前者相同。

上述各類刊物，統計有如次表：

種類	半週刊	週刊	半月刊	月刊	不定期刊	發行總數
一、政治刊物六種	一	四	〇	一	〇	一三二、八〇〇
二、宗教刊物四種	〇	三	〇	一	〇	一二、〇〇〇
三、社會刊物二十三種	〇	五	三	六	〇	一〇九、九〇〇
四、科學與文化刊物六種	〇	〇	〇	六	〇	三二、〇〇〇
五、職業團體刊物九種	〇	〇	〇	八	一	一三、六〇〇
統計	一	三	三	三	一	三〇八、四〇〇

這些報紙及定期刊物，不待說是以德國猶太人爲基本讀者，但與海外猶太人也有關係。揭載的記事是德國境內猶太人底社會關係，同時亦與柏林、耶路撒冷（Jerusalem）倫敦、紐約、巴黎、波蘭及瓦沙（Warsaw）等處的猶太人電信局聯絡，材料仰給於那些地方。

過去二百年間，在德國具有重要意義的猶太人底出版事業，現在正遭遇着非常離奇的運命，將來的展望，也許是極饒興趣的問題吧！（心遠譯自日本唯物論研究第五十四號）（月華特稿）

日本

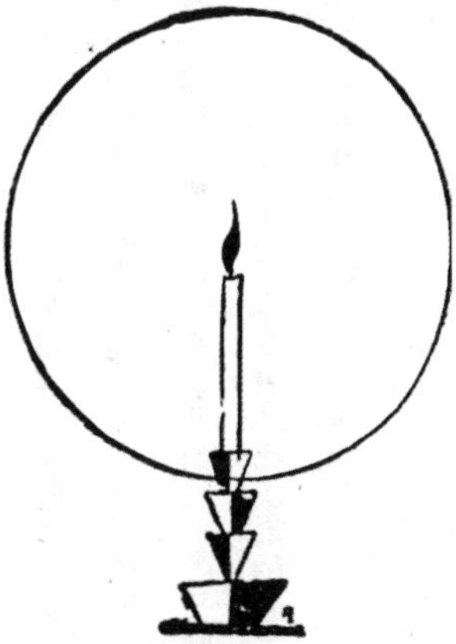

日本最近的出版界

陶父

對於日本的出版界，就是初到日本的人，祇要一看他們的日報，一遊他們的街道，也就很容易得到不少的印象——什麽印象？

無論那一種的報紙，也無論那一天的報紙，終可見到新出版的書報的廣告，有時多到占兩版的篇幅，有時單單一種雜誌的廣告，就充塞了一版的地位——如キング，改造，而且同是一種書報的廣告，也有不同樣的廣告形式——如改造，太陽，婦人界，婦人倶樂部等新年號，現代大衆文學全集等，這樣四方八面的陸續不斷的映入讀者的眼簾，可不就成了深切的印象了嗎？

你試到街上去散步去「見物」，不一定要到東京的神田神保町，纔看見鱗次櫛比的都是什麽堂一類的書店；或是京都的丸太町，也隔着幾間門面便有一個書鋪，即便在市外在小鎮，你也不必怕找不到書鋪子的。至於每個大學的附近，更不必說是多如「林立」的了。總括一句，日本書店之多，怕只有上海的煙紙店，老虎灶，或者豆腐鋪子「差可比擬」吧。這個印象難道還不算厲害嗎？

不特出版種類之多，發行處所之多而已，倘使你能稍稍注意的話，你更可以得到一個印象——在每家書鋪子裏，可以看到常有不斷進出的青年；或是下午在門口放新出雜誌的低低的攤旁邊，可以發見有不少的少年男女在團擁着翻閱；你試到市場（Market）去，也不難發見某雜貨鋪的老板娘或「令孃」在俯首看書；即走進理髮鋪，同樣可以見到理髮匠也像個「讀書種子」；此外在電車上，火車上，輪船上，自更不必說，很容易發見什麽改造啦，キング（King）啦，週刊朝日啦，一類的「手書」。由此可見有人會製造，也自有人會消費，「書報姻緣」其來有自了。

要說印象，正復不少，試再舉二例：

差不多在每個書店裏，改造，キングク，ロク(苦樂)富士，婦女界，文藝春秋等幾種雜誌都有發賣，可見這些最是大衆的讀物了。然而最近一年來更有一個特色，就是每家書鋪，終要陳列着許多關於社會運動社會科學一類的書，據接近書店老板者說，這些是成爲不可少的門面了。由此當見得日本最近思潮趨勢的一斑。

再有一個印象，就是定期刊物出版的提早而且內容的新穎。普通週刊或月刊等，終在出版的上一週或上一月已經發行。如一九二八年一月號即所謂「新年號」早在十二月中一齊出來；而週刊如星期每日的小說與講談新春號與週刊朝日新年號，月刊如キング等，早在十二月上旬出了版。或者有人要問：出版如此提前，內容方面是不是要「落後」呢？我的回答是：決不。試隨便舉幾個例：一九二七年九、十月間舉行的府縣會選舉，在十一月號的改造上已有府選舉結果的批評；十一二月間鬧着的無產政黨合同問題，在新年號的中央公論上已有對各黨主張的批評；十一月中旬經閣議通過的昭和三年度預算，在十二月初出版的太陽年鑑上已經載着了。拿這兩點——出版期與內容，試與我們中國出版界比較一下，看我們會發生什麼感想？

以下再就一九二七年日本出版界的各方面，據我所知道的，拉雜寫上，或足以供諸位的參考，也未可知。

• • • • •

爲便利計，先來說一說去年出版界的概況罷。

出版界的概況

近年來日本經濟界的景況早已不好（日人所謂「不景氣」）到了一九二六年（即大正十五年或昭和元年）的下半期，愈變惡劣；至一九二七年（昭和二年）上半期，遂有許多中小銀行關門，實現恐慌狀態——單舉一例，從一九二七年一月至十一月，全國工廠及公司的停閉者共有四百四十五；失業者達二十萬。然而其中惟有出版界獨放異彩，自一九二六年下半期起，直到目下一九二七年底，在出版競爭上表演從來未有的活劇。開其端者爲改造社所計畫的「一圓全集」——日本文學全集；這個計畫發表之後，一般書店爲爭取利益起見，群起仿效，於是我也出「一圓全集」，你也出「一圓全集」，弄得新聞廣告欄中，沒有一天不登一種或二種的「一圓全集」的廣告的——它的種類，容在下面另述。這種全集和從來的全集有什麼不同呢？從來全集的定價，一册須三圓或四五圓；現在則一跌而爲一圓；從來全集的發行部數，從三四千到五千部算頂多了；現在則至少以得十萬的預約者爲標準。所以「一圓全集」的流行，不能不說是日本出版界畫一新時期的革命運動了。現在一圓全集的總數，怕終在三十種以上。至一九二七年六月，岩波書店出版「岩波文庫」，纔與出版界一種新的刺激，即轉換了一個方面。它比一圓全集更要澈底地突入民衆，用德國的雷克拉姆式，每本百頁，定價二角（彷彿我國商務印書館出版的百科小叢書；）故這樣一來，或者會減少或竟中止了一圓全集的大量出版，也未可知——然一九二七年下半期，仍有一冊的預約本流行；又關於「岩波文庫」的內容，以下再說。

現在要問這種以深入民衆爲口實的一圓全集的出版戰，對於整個出版界發生怎樣的結果呢？這種結果可以說有五種：第一是雜誌定價的減低，第二是單行本及參考書類的滯銷，第三是古書的近乎「送終」，第四是新出版業者的出現，第五是禁賣書報的增多。雜誌定價的所以要減低，是因一圓全集流行以後，將讀書界的眼光吸引過去，這在雜誌業者當然不容坐視；於是即由最初以深入民衆爲標語而計畫一圓全集的改造社，先把該社出版的雜誌改造，從八角減爲五角，跟着全部雜誌界除出中央公論一種，皆一律實行減價。又如文藝春秋大改其體裁與內容，東京改稱ツールド（世界），新小說改爲黑潮，也皆爲了一圓全集而謀重行開張的。又在這裏中央公論，雖不免要受些影響，但當雜誌界全體皆喊廉價發賣，而它獨依然如故（每册八角），倒反成爲唯一有特色的雜誌，是以引起讀書界的注意，也未始不是一種有趣的現象。然一圓全集的盛行，對於一般單行本及參考書的出版業者，實有不少惡影響；因爲讀者的心目既被一圓物所吸引，當然不能再有餘力多去光顧單行本參考書，因之單行本參考書爲救濟起見，反而有漲價及減少出版部數的影響；於是一部分深思篤學的讀書人，就受苦惱了。至於古本書的受影響自更顯然，既已吃了一圓全集的大虧，又要受雜誌減價的打擊，故即把古書價錢減削到底，因顧客無多，生意祇好清淡下去。從這意味上看，可見一圓本的出現，確是使從來限於特殊高級位置的出版物，能以深入民衆中去的一個大革命。又從這個波瀾中，多多地湧出新興出版業者，也是很自然的。他們皆以到民衆中去爲標語，不斷地出版了供新興階級閱讀的關於社會運動社會科學的書報。然這種出版物，在政府當局看起來，常用擾亂治安等類可恐的罪名，加以禁止，因之「發禁」——發賣禁止的書報，已經很多——關於「發禁」的書名和「發禁」的路由，容後再述。世人僅知「圓本」流行的表面上的波瀾，而不知裏面的曲折，當不能算爲已窺「全豹」。又這種一圓全集的成績，是否能有表面上那樣盛況的實際，也是疑問；怕除最初發表的二三種或眞能適應讀書界渴望的幾種以外，大都是不得好結果的。惟這種表面的活躍氣象，大量生產的新事業，終可說是年來日本出版界値得紀念的特色罷了。

其次說到出版界的內容。

出版界的內容

從一九二六年下半期起，直至一九二七年全年，雖然有不少的古典書翻刻復製，與向來罕覯的珍本行世，同時還有以古典等作材料而發表日本文化研究的結果的，然畢竟受時代潮流的推移與上述圓本集的影響，未見能受如何盛大的歡迎。其他娛樂本位的出版物，仍以武士與俠客爲中心的新講談、新翻花樣的偵探術等爲最多，而且爲最受歡迎。這如夕刊所登小說及通俗雜誌如キング、富士、講談俱樂部等的內容，都可爲證。在婦人雜誌界，種數不下十種，大別的傾向可以這樣說：一方面有以忠君愛國良妻賢母孝女節婦爲目標的婦人俱樂部，他方面有以基督教流的儀態慣習爲時髦的婦人之友；介在這兩端中間者有代表最近代小資產階級思潮的婦女界代表俗惡的家庭道德的婦人世界與主婦之友，代表頹廢的享樂思想的女性等；可是這些雜誌近來都有些所謂「墮落」的傾向，即或者用家庭和睦法，或者用生理衞生育兒術等的名號載着以性慾爲中心的露骨的記述；在廣告上也有對這方面努力宣傳的風味。而且聽說婦女雜誌的讀者還是以青年男子爲多。以外再要說的就是爲最近時代產物的應於民衆需要的叢書類講座類及新雜誌了。這些書報的概況容後另述，此地只說一說它們的性質。

說到這一點是與日本二年來的社會運動大有關係的。自一九二六年日本社會運動界主張「方向轉換」——由組合主義轉到大衆政治鬬爭，及經過「理論鬬爭」——馬克思主義的論爭以來出版界也就跟着呈極熱鬧的場面。於是什麽讀本啦講座啦叢書啦小册子啦，弄得五花八門，層出不窮。玆僅就一九二七年所表現的趨勢言之，這方面的出版界，還是不脫翻譯時代的特色，凡關於馬克思主義的書本，早有搜括已盡之觀，今乃及於斷稿殘篇，眞可謂無微不至。他方受一九二六年以來讀本流行的餘勢，仍然保有平易通俗的傾向。至如日譯資本論的廉價版多至二種，同時有如馬克思主義講座的預約，又足見日本馬克思主義的由翻譯而趨於普及。但因批判的時代尚未成熟，故此種普及現象是否可喜，尚是一個問題。

在論壇上所表現者，有福本和夫對北浦千太郎，福本和夫對河上肇，雜誌馬克思主義對大衆等等的帝國主義現段階論；及因人口增加自萬所激起的人口論食糧論，參加這種人口論爭者，有那須皓，河上肇，高田保馬，永井亨，土方成美，上田貞次郎，矢內原忠雄，河田嗣郎，建部遯吾諸博士與高畠素之等多人。最近對於無產政黨的合同問題，又成爲論壇上紛爭的資料，而四月間改造社出版的社會科學特輯「理論鬬爭」號，實可視爲去年底由無產政黨陣營內對立鬬爭而生的論爭的縮論又近來對於「土地問題」研究的盛況，農業問題，農民經濟一類書本的出版以及如組織問題等的翻譯，更足證明因實際問題的需要，已促成出版界論壇界的趨於具體與實證了。然當此馬克思主義的伏流正激動社會思想界的時際，卻有如東京帝大教授土方成美的著書馬克思價值論之排擊與東京商科大學教授福田德三的論文唯物史觀出發之再吟味（在改造）發表出來；兩者皆想以否定馬克思所說的「歷史的現實性」作爲立論的骨子，實爲本年度反對馬克思主義的主要者。惟於此亦可見日本馬克思主義的傾向確已趨於尖銳化。

要之馬克思主義的普及，實爲最可觸目的現象。在每家書鋪子上陳列關於這類的書報也是自然不過的事。有人說美國化的運動競技與馬克思主義平分了日本青年的天下，當也不是過言。

出版界的形式又怎樣呢？

出版界的形式 先說裝訂的形式，自然有多種多樣，從「裝飾本位」

者起迄於實用化乃至薄利多賣的素朴形式，都各有其種類。如有所謂並製，精製；所謂美裝，布裝；所謂菊判，四六判，以及所謂假裝等等。惟新出的書，大小多爲四六版，裝訂多爲法國式不切齊不裁開的假裝。至如「圓本」的流行，也當是形式上一種新奇的傾向；其中有每冊九十五錢者，也有因特製要一圓數十錢者，大致可包括於一圓的範圍。爲一圓集的先驅者，是改造社的現代日本文學全集，當最初計畫發表時，鼎價廉物美的廣告，據說預定者多至三十萬部，甚至說有五十萬部。其後春陽堂繼起，更以裝訂之美與書箱的贈品爲餌，另出明治大正文學全集以吸收讀者。於是又使改造社急忙添加以前所缺的永井荷風文集，改裝訂，增頁數，加冊數，以謀抵制。如此兩家競爭的結果，得其利益者，乃爲一般讀書界與登大批廣告的新聞紙。像那種占兩版地位的廣告，哥拉比式特種印刷的廣告，實爲空前的廣告。另外又特請學者名人爲預約會開講演會，大盡其宣傳的能事。然如菊池寬芥川龍之介兩氏的小學生全集與北原白秋山本鼎兩氏有關的日本兒童文庫，竟因互相衝突以至發生訴訟，也可見書賈競爭之烈了。至一九二七年六月岩波書店發表「岩波文庫」的計畫，又給出版界一種新的形式。當發刊時，它對於近時大量生產的預約出版物，批評其廣告宣傳的狂態，懷疑於自誇爲全集編輯的準備，更指摘其不許分賣的束縛；所以它的特點，在一方面是取例於德國「雷庫拉姆文庫」，不問古今東西，不問文藝、哲學、社會科學自然科學，苟有價值的書，皆用極簡易的形式以次刊行；在他方面，不用預約出版的方法，讀者儘可從心所欲，自由選購，而且用「菊半截判」的小冊子，極便攜帶，每本以百頁者爲多；然也有二百頁四百頁者，最多至六百頁爲止，百頁本定價二角，餘者依此類推，故價錢亦算低廉。

爲出全集一類書籍之故，日本的印刷所就須全部動員，甚至有人說他種出版物幾難印行；但事實上不至如此，計自一九二六年八月至一九二七年八月間，每月最多可出一千三百冊，最少也出七百六十冊，故平均一月可出九百冊。

預約書類一覽

現在卽就年來關於預約出版的書類看一看，這裏邊大半就是所謂一圓本與講座之類。

先從社會問題講座說起，這講座全部十二冊，於一九二六年三月第一號配本，至一九二七年二月終了，會費每月二圓，不另售；講座內容爲總論，社會思想解說，社會學，經濟學，政治學，法律學，財政學，勞動問題，農村問題，無產政黨問題，婦人問題，智識階級問題，社會教育，社會文藝，及其他諸問題，共計科目凡百另五，算是日本空前的「民衆大學講座」了。其次是列寧著作集，從一九二六年下半期起印行，凡十卷，內容爲新經濟政策，帝國主義，民族問題，社會主義與戰爭，一九一七年，蘇維埃政權，唯物論與經驗批判論等，每冊預約價三元。再其次便是一圓全集了。

全集名	卷數	預約截止期	出版社
現代日本文學全集	三七	一九二六、一一、三〇	改造社

現代日本文學全集（第二回）	五〇	一九二七、五、三一	改造社
世界文學全集	三八	三、一	新潮社
世界大思想全集		三、一五	春秋社
現代大衆文學全集	三六	四、二	平凡社
現代大衆文學全集（第二回）	四〇	一二、三一	平凡社
近代劇全集	三九	五、三	第一書房
世界戲曲全集（一册九角）	四〇	五、二五	近代社
日本隨筆大成	一二	五、一〇	吉川弘文館
明治大正文學全集	四八	五、三一	春陽堂
小學生全集（一册三角五分）	八〇	六、一六	文藝春秋社與文社
日本兒童文庫（一册五角）	七〇	六、一八	アルス
無產者自由大學講座	一二	五、五	南宋書院
靄理斯性之心理（每册一元二角）	二〇	一〇、一五	日月社
大思想百科全書	三三	三、一〇	春秋社
大菩薩峠	六	三、一〇	春秋社
馬克思資本論	五	一〇、二〇	改造社
世界美術全集	三六	一一、五	平凡社
馬克思主義講座	一二	一一、一五	上野書店
其他尚有			
最新科學講座（每册二元五角）	一五	三、六	國民圖書株式會社

電氣工學講義（每册一元五角）	一二	三、	早稻田大學
通俗近代經濟叢書（每册二元）	一二	三、一五	清水書店
海舟全集（每册四元）	一〇	三、二〇	改造社
日本家庭百科大事彙（每册三元）	三	三、	富山房
造園叢書（每二册二元五角）	二四	一一、二〇	雄山閣
電氣工學大講座（每册二元五角）	一五	三、一〇	アルス
建築大講座（每册二元五角）	一五	三、一〇	アルス
文化大講座（每册二元五角）	一二	一一、一	アルス
萬有科學大家（共一百四十元）	一六	一一、一五	同刊行會
藤樹先生全集（共二十五元）	五	一一、二〇	內外出版株式會社
芥川龍之介全集（每册四元）	八	一〇、三	岩波書店
增訂故實叢書（共一百七十元）	三八	一二、二五	吉川弘文館
大日本百科全集	三六		誠文堂
大日本歷史集成	一〇		隆文館
未刊隨筆百種	二〇		隨筆同好會
神話傳說大系	一八		近代社
國文學名著集	一二		文獻書院
歌謠俳書選集	一二		文獻書院
聖書物語文庫	二四		昭陽堂
田口鼎軒全集	八		同人社

明治文化全集	二四	日本評論社
英文世界名著	四〇	同刊行會
國文東方佛教叢書(二輯)	一〇	東方書院
古事類苑	五〇	京都表現社
日本戲曲大全	二五	東方出版會社
新釋日本文學全書	一二	同刊行會
日本隨筆全集	二〇	國民圖書會社
韋爾斯世界文化史大系	一二	大鐙閣
日本宗教大講座	一八	東方書院
宗教教育講座	一八	大東出版社
電影講座	一二	至文社
日本風俗講座	一八	雄山閣

以上所寫還是一九二七年度較爲重要的預約出版物。我們由此可以見得日本出版界的興盛與一般人的購買力若以之與我國出版界相比,我們眞要覺得瞠乎其後,而且貧乏之不堪了。

單行本與叢書

單行本的種數,自然很多;可惜一九二七年度最近幾個月的出版圖書,更有多少,尚無從知道,此地且把大正十三年(一九二四年)十四年十五年及昭和二年(一九二七年)最初四個月的出版圖書依類別列表如下:

種別	大正十三年	十四年	十五年	昭和二年一月	二月	三月	四月
政治	五五四	五一四	六八〇	九〇	七三	五六	六三
法律	四一六	五〇三	六二一	四三	三七	四九	七六
經濟	二八四	四二〇	四〇〇	二八	二七	四五	四二
社會問題	四〇四	五二七	六四一	四七	五九	四五	六四
統計	七四	一五四	一一九	三三	一三	一三	二六
神學宗教	七六四	八七三	八二一	五四	四七	六九	六九
哲學	二七四	三八一	三五一	一五	一四	一三	一六
教育	二、四九五	三、一二八	三、八八六	三六八	二九三	三三〇	三二四
文學	三、三三三	三、〇七五	三、九〇〇	二三九	二五八	三二四	二九六
語學	四九〇	七一六	七二一	三七	四〇	五一	六七
歷史	二二六	二六七	三〇七	三三	二九	一四	二五
傳記	二〇〇	二七八	三〇九	一五	四四	三三	二七
地誌遊記	五二七	七九八	一、一八〇	三九	四一	七八	六八
數學	一七一	二三八	一〇八	二三	二二	三三	三三
理學	二七三	三三三	三三一	九	一八	一〇	一四
工學	三三六	四三八	四四五	四〇	二〇	四七	四七
醫學	三七〇	五六八	五一七	三七	三七	五四	五〇
產業	六九一	七九八	六三五	三三	三六	六三	六三
交通	一四七	一〇〇	四一	六	六	四	一〇
兵事	五五	九一	六五	六	六	五	五

美術	四五三	五六〇	七四四	三二三	六九	五六	五九
音樂	一、一七一	八八七	七〇〇	八八	四八	八八	六七
技藝	七二四	八八九	七四六	五九	三三	五五	七三
辭書	五三	一四一	一〇三	八	四	二	三
叢書	二〇	二六	七八	三	二	一六	三
雜書	九六八	一、三〇七	一、八九五	一六一	一六五	二〇五	三一〇
合計	一四、三六一	一八、〇二八	二〇、二二三	一、五三二	一、四二九	一、七二六	一、七七九

從上表可見出版圖書，一年多似一年，一月多似一月。雖然昭和二年二月份較少於一月份但三月份就比一月份多得多；想見昭和二年（一九二七年）出版的總數，當較大正十五年（一九二六年）更要多些。

我在前面不是說過年來的出版界以馬克思主義一類書本的翻譯爲很盛嗎？在這裏順便把這一方面的概況說一說。

這一方面的書類，大致可分政治鬬爭理論史的唯物論及唯物辯證法，無產階級經濟學，農民問題，民族問題，勞動組合運動，傳記及其他等幾個重要門類——其他關於一般社會思想，社會運動，政治經濟，馬克思主義研究，婦人問題，勞農俄羅斯，自然科學，新文藝各方面者尙不少。其中只有幾本書如福本和夫的社會之構成及變革之過程，經濟學批判之方法論，北條一雄的理論鬬爭方向轉換，是日本人著作的；其餘就全是譯本。至於翻譯本的原著作者爲那些人呢？這怕也是個有趣味的問題，我可以列舉如下——但也僅就被翻譯書之較多者而言，即馬克思，恩格斯，考茨基，列寧，斯太林，布哈林，卜萊哈拿夫，古娑林，李卜克內西，羅柴盧克森堡，培亞里亞柴拿夫，羅柴夫斯基，齊諾維夫，脫洛斯基等是。

這類叢書的名稱也是很多，茲舉其重要者：社會問題講座（新潮社）列寧著作集（同刊行會）馬克思主義講座（同刊行會）產業勞動調査所小冊子，列寧之農業問題論文叢書（馬克思書房）無產者自由大學講座（南宋書院）勞動組合運動叢書（馬克思書房）馬克思主義叢書（弘文堂）政治批判叢書（弘文堂）社會思想叢書（同人社）社會思想小冊子（同人社）社會問題叢書（同人社）社會科學叢書（叢文閣）勞動問題研究所小冊子，我等叢書（同人社）——除這類以外的叢書自然尙有不少，如文化科學叢書（早稻田大學出版部）哲學古典叢書（弘文堂）預約出版物中其他講座與全集，以及「岩波文庫」與最近計畫的岩波講座都是。

「岩波文庫」的特點已如上述；茲舉幾種書名以見其內容之一斑：康德的實踐理性批判，斯密斯的國富論，託爾斯太的戰爭與平和，朴恩卡來的科學之價值，武者小路實篤的幸福者，馬克思的資本論（河上肇譯），阿那託爾、法朗士的愛壁哥拉斯之園，國木田獨步的號外等等現已出到一百餘冊；像這樣種類之雜，內容之富，眞可說是「包羅萬象」了。而最近發表的岩波講座，據其廣告所說，又是規模宏大，計畫周詳的一種；目下募集第一次講座會員，這講座名爲世界思潮，全十二冊，從一九二八年一月起發行，每月會費（卽預約月費）一圓二十錢，故反不免爲「圓本集」的餘勢；其內容分主潮思想家傾向與運動三類，主潮中列「世界思潮」「西洋思潮」「東洋思潮」「現代思潮」共三十四門；思想家中列釋迦，孔子，蘇格拉底，聖德太子，乃至路德，王陽明，馬克思，列寧，等共六十六人；傾向與運動中則爲「舊約預言者之宗教運動」「回教思潮」「德國神祕主義」「近代藝術論」「無政府主義思想」「日本精神」「現代俄羅斯法律思想」等凡二十八種；故就其內容言，無異是本「思想辭典」，正合着它廣告中所說的「平俗的形態」；我們設個比喻，日本書店老板的頭腦，倒和日本的玩具花樣相去不遠呢。

不管實質如何，要之如日本那樣風起雲湧的出版盛況，算可以叫我們看了眼熱的了。

廉價版與普及版

最近還有一種現象，也足見出版家競爭之烈，但可爲讀書者恭喜的，那就是所謂廉價版與普及版。但這自然以譯本爲限，因爲譯本是不拘何人可譯，不拘何家可出的；因之他們間的競爭就發生，「薄利多賣主義」就實行了。

最顯著的例，就是資本論與史的唯物論兩種。馬克思資本論之日譯本，最先翻譯者爲高畠素之，以後曾經改譯；去年又擬出改訂廉價版，由改造社發行，計全三卷八册，定價八元；不料到九月底，復有河上肇的譯本出現，列入「岩波文庫」中第一三一至一六八號中，每一分册定價二角（全卷定價六圓八角，至本年底，已出第一卷第一二兩分册）於是改造社方面又改變計畫，特將高畠氏的改訂廉價版，縮爲五册，特製本不過五圓，並製本則僅四圓；以之與初版六十五圓改譯版二十五圓五角相比，固已大廉特廉；卽比之岩波版河上譯本，也較少一圓餘，且與德國原本十三圓，英譯本十五圓七角，法譯本（紙裝）八圓相比，也要便宜不少，眞可說是世界唯一的廉價版了。這樣一部爲有史以來人類科學的努力所產生的最大勞作之一，又爲現代思想骨幹的資本論，在出版六十年後，竟能在東洋一個小國度裏——在別方面當是大國——如此廣銷，使馬克思地下有知，怕也要掀髯一笑，說一聲『吾道東行」了吧？』

新聞紙類

就日本全國的新聞紙（雜誌包括在內）言之，可分爲有保證金與無保證金者二類，茲舉三年來的種數，以資比較：

有保證金新聞紙	大正十四	大正十五	昭和二年四月
日刊	八四六	八六一	八七一
月四回以上	三三四	三四四	七三〇
月三回以下（雜誌）	三、七〇二	三、八四四	三、九五一
合計	四、八八二	五、〇八九	五、一九二
無保證金新聞紙	大正十四	大正十五	昭和二年四月
日刊	一九一	一七四	一八三

月四回以上	一五五	一六五	一六一
月三回以下(雜誌)	一、九六九	二、一七二	二、三二九
合　計	二、三一五	二、五一一	二、六七三

看上表除出去年（即昭和二年）四月無保證金新聞紙「月四回以上」的略較以前減少外，餘皆逐年增加，尤其以「月三回以下——雜誌」一項增加爲已甚。——即有保證金者去年四月比去年底增出一百零七種；無保證金者同期增出一百五十七種。

此外日刊方面有幾點可以說說。日本最大的新聞社，要算大阪的朝日新聞（在東京也是朝日）與每日新聞（在東京爲日日）每日連夕刊共十四頁或十六頁。定價每份五錢，每月一圓。銷路據大朝自稱達二百萬。乇們的特點一在新聞編輯方面另出地方版；譬如在大阪的朝日與每日有「京都版」「神戶版」「九州版」「廣島版」等，凡在關西的重要地都有這種附刊，故在大阪以外各地的閱報者定閱了該報就無異兼定了一份地方報——如對京都的朝日讀者，即送「京都版」但不送別處的讀者，猶之申報的「本埠增刊」不送外埠。一在出版時間方面，無論早刊與夕刊，都是出得很早。譬如大阪朝日在當地每晨五時，即可送到讀者家裏；夕刊則在下午四時許，若在夜行火車上在早晨三時光景已有早刊賣了。大朝與大每還各自備飛行機用空中運輸法傳遞消息或攝影；在世界各都市中國各大埠他們都有特派員或訪員駐在着刺探消息，故在新聞之露布迅速上，自更不用說了。材料方面，除每日的新聞社說外，終有長篇的專門論文——如大朝的歐美航空事情癌之研究；長篇的小說——早刊上每爲現代新小說，以講戀愛關係的居多；夕刊上則登舊小說，如大朝的什麼砂繪呪傳，大每的大岡政談，都是激昂慷慨、武俠忠節、帶血腥氣，擊劍殺人一類的題材。再如經濟市場無線電話放送節目運動競技新刊介紹天氣預報等皆有特定地位。以外尚有小言時評一類的專欄，如大朝的「天聲人語」「水銀燈」；大每的「硯滴」「合財袋」。是文字以外插畫之多也尚算一特色，不特海陸軍大演習，天皇拜祭大正多摩陵要登大幅的攝影；就如「歲暮大賣出」「國旗店趕製新年國旗」「初雪兒童做雪堆」「溜冰時節」以至什麼犯人被捕，什麼魚場開市也曾各有照片；至於小說中之必附圖更不必說；有時即在專門論文中也有圖；故每日報上的插圖終在二十幅以上。外國方面的人照物照也常不絕登載，如羅馬尼亞前王太子嘉洛爾回國消息，就有皇太后的鐵腕首相的，嘉洛爾的種種照片連續登出；最近我國廣州「一二一一」之變，就有廣州市景，蘇兆徵像以及燼餘頹壁等遺屍慘狀的攝影；蔣介石來日，蔣介石與宋美齡結婚，也都有照片。這比西洋老資格的報紙固然不見優越；但比之我國報紙到底進步多了。

到了新年，那種廣告宣傳之狂熱，尤爲「無出其右」；什麼贈畫啦，增篇幅啦，請世界名人專家撰文啦，特登名家小說啦，無非要使人「先睹爲快」，於是已經定閱的固要繼續，那向來定閱的也難免「躍躍欲試」

了。

他們報社還附帶經營別種定期刊物；如大阪東京朝日新聞社出週刊朝日，朝日運動兒童朝日，婦人朝日，畫報，映畫與演藝與朝日振影，大阪每日新聞社與東京日日新聞社出英文大阪每日，星期每日，點字大阪每日（供盲人讀）經濟學者，戲劇與電影。可見這兩種新聞社規模的宏大了。

雜誌方面可說之點自然不少但此地僅能約略地說說。先就種類言，專門的雜誌無論是哲學倫理宗教，教育心理藝術運動遊戲，外交經濟以及各種科學等等皆有多種；然這些因爲不通俗在普通書舖子上也難得見到；所以姑置不論。現在且就目下最多接觸也可說是最流行——但不一定銷路最多——的來看一看：

第一——是性質最普通就是各界人士都覺可看的，這裏又可分爲兩類：一類是改造中央公論，太陽（現已停刊）等一類是キング現代，雄辯，富士，講談俱樂部，苦樂等；說句比方的話，前者是上流的正派的，較爲謹嚴的，或者說是學者的；後者則是不大正氣，不免俗惡，說諢打趣，只配供茶餘酒後無聊時節的消遣品用。然後者的銷路眞是大極。且舉個例有一個叫「大日本雄辯會講談社」的它一家發行九種雜誌，便是キング講談俱樂部，現代，婦人俱樂部，雄辯，少年俱樂部，少女俱樂部，幼年俱樂部與富士；據它的廣告說キング每月要出一百五十萬部內外；九雜誌的總發行部數，要占全國雜誌總發行部數的百分之六十以上。何以能這樣廣銷呢？那只用一句話可以回答所謂「迎合時好」能了。它是以「一死報君恩的精神」爲精神，以「大和魂的權化，日本民族的精華」爲招牌，而更以「饒有趣味」爲標語；故一看它的內容就可瞭然這一類雜誌的性質。什麼勤王黨偉人傳啦，太西立志美談啦，處世修養訓啦，成功者體驗談啦，名人苦心特語啦，大英雄拿破崙一代記啦，還有其他所謂奮與的義俠的悲壯的許許多多篇小說；總結一句叫讀者要忠君報國告訴讀者怎樣發財做官的門路能了。那個稱爲「雜誌王國」的講談社長野間淸治氏，因此得有每年三十九萬八千圓的收入（一九二六年，）覺比爲日本財閥之一安國王國的親王善次郎所得還多。——在出版界坐第二把交椅者，爲實業之日本社長增田義一氏年得十九萬三千圓；再其次爲新潮社的佐藤義亮氏年得九萬八千圓。

第二——是馬克思主義與社會問題，社會運動一方面的雜誌，銷數雖未見多，然而勢力頗大，在目下極能吸引許多青年羣衆的注意。舉其著者言之月刊有インタナショナル（國際）マルクス主義，政治批判，勞動者，農民運動，勞農，社會思想；旬刊有勞動農民新聞，日本勞農新聞；半旬刊有無產者良聞。

第三——是文藝方面的雜誌，也占着出版界一個很重要的地位。這方面較著名的有新潮，文藝春秋（菊池寬編輯），早稻田文學，文章俱樂部，三田文學，不同調，大調和（武者小路實篤編輯，）文藝公論，文藝評論，世紀文學，創作時代，日露藝術，プロレタリア藝術，文藝戰線，前衛；然以上所舉者係專講文藝的雜誌此外普通雜誌如中央公論，改造等，日刊如時事新聞，讀買新聞，報知新聞，東京朝日，東京日日，大阪朝日，大阪每日也都有文藝欄的專門編輯；而且每期出版物中文藝欄所占篇幅，常在一半以上。若就日本文藝界傾向言之，在去年十二月三十日大阪朝日新聞上，曾有論說一篇，述「近時的文藝與思想」，略謂我國（指日本）文藝家現在似正從藝術至上主義與社會主義兩派中，想決定一個立場，而動搖不定。但若更注意其傾向，則文藝家的大部分，可留為對社會主義的傾向，似漸增其濃度。於此所謂對社會主義的傾向者，是說文藝家的用心，漸由文壇社會內的論爭，而趨於一般社會，特別是趨於向來全未注意到的政治。尤其是無產階級派文藝家（按上舉之プロレタリア藝術，前衛，文藝戰線，皆屬此派，但前二種與後一種互相反抗，）在這點上，對政治的進出傾向，色彩更濃。無產階級文藝家，對於向來被他們目為有產階級文藝家的大老中老文壇上的一團人，舉起無產階級藝術之旗，向之挑戰，努力謀有產階級文壇的破碎；果然努力不枉費，到了最近，無產階級文藝家遂至於完全破壞了有產階級文藝家的堅城之一角而占領了。……但被稱為所謂有產階級文藝家的——為今日我國文藝各方面的中心勢力的——大老中老文藝家，雖在努力反對無產派的論調，而欲使藝術至上主義的傾向愈加濃厚，但因當作文藝家的他們從來的思想與圍繞他們的社會環境之間，逐漸逐漸地感覺到不調和，從而煩悶的結果，遂使他們的心，也一天濃厚一天地欲向社會主義回顧。至於雖欲否認而也不可能。他們也感覺到向來所謂有產派文藝家的作品行動，是太偏於藝術至上主義，與全社會層隔離過遠；同時而且開始祕密地考慮到要從偏於個人生活的思想之殼脫出來，把他們的作品行動，也浸透於全社會層；因此他們就無從否定無產派所主張的思想了。有產派文藝家一面感到遺恨，一面就開始對於無產階級的事情，卽資本主義社會的崩壞，加以留意。所以這恐不能不視為無產階級派思想的勝利了。——以上節錄的話，出於所謂有產者的新聞紙上，當是可信的吧？

第四——是婦女方面的雜誌。其種類也頗不少，如婦人之友，婦人俱樂部，婦人世界，少女畫報，婦人公論，婦女界，主婦之友，女性，婦人畫報，皆是。它們的內容如何，前已述過了。

最後第五種最多的刊物，要算是兒童方面的了。這眞是每家書鋪子上所必不可少的，倘要列舉這一類的名目，須得詳細調查以後才能明白，此地姑舉幾種，則有子供之友，愛兒之友，幼稚園，男子，少女世界，少年少女，一年之友，二年之友，一學年之學生，六年生，兒童界等等，一眼看去，至少終在二十種以上，故每家書店的小攤，無異是小孩子們的圖書館了。

此外特種雜誌，有如無線與實驗，鷄之研究，是偏於自然科學的；商店界，廣告界，是限於經營商業的；日本及日本人，日本魂，雄邦日本（最新刊）是宣傳忠君愛國維護「大和魂」的封建思想的刊物；要之，皆不愧爲日本雜誌界的特色。

若綜結起來說，日本現在雜誌界的思潮，可以三大派包括之。一是新派，馬克思主義的思潮；一是舊派，忠君報國的思潮——如講談社的九雜誌，即自稱「雜誌報國」——Journal Patriotism 去年十一月號的日本魂，即爲「奉祝明治節號」；今年新年號的日本及日本人，爲紀念昭和即位，特主張所謂「文臣之儀表，武臣之龜鑑」，把菅原道眞，楠木正成兩大公的大忠節，大加顯揚；再有一派是所謂「モダン」(Modern) 派，其內容趨重於現代社會享樂的時髦的或可以「成功」的生活之描寫與記述，一般所稱爲娛樂讀物，婦女讀物，以及一部分的文藝美術與科學刊物皆是。

在此可以順便一說的尚有三點：一是雜誌或日刊的編輯方法上，常有所謂「座談會」的一欄，是就一個問題或一項事情，把許多人所發表的意見，順次筆記下來，即登在刊物上，這或者與我們所謂「一夕談」，英文所謂 "table talk" 相似的吧？舉例來說，去年十二月號的文藝春秋上，有九人的「外交座談會」，八人的「偵探術座談會」；今年新年號上，有二十餘人的「モダン生活座談會」——按所謂モダン生活，即新派（或時髦）生活，如電影，汽車，演劇，百貨店，旅館等等，皆是這種生活的景物。日本人最初獲得這個 "modern" 字樣的頭銜者，爲咖啡店侍女與電影明星等——他們稱爲「モダンガール」(modern girl)，幾乎婦孺皆能道之；今則無論任何事物，只要是新的，都可應用這個「モダン」的形容字，如說モダン住宅，モダン火鐵，就是一例。——今年新年號經濟雜誌金鋼鑽上，有「鄉男座談會」，討論十五銀行問題等；新年號實業之日本上，有「財界前途座談會」——該誌幷有所謂「名士問答」「名人解答」等欄；新年的大阪每日新聞上，也預告將有政界巨頭及其他研究者的「普選座談會」。這些材料，於引起讀者的興味上，是很有效力的。

一點是日本創作家與畫家的「實力」機會，要比我國的爲多。日本有多少文藝作家，不得而知；需要供給的比例如何，也不得而知；但就各日刊各雜誌文藝欄地位之寬大而言，應當可以容納許多許多的作品。前已說過，各雜誌所載文藝讀物，常占一半以上的篇幅，所以倘若你把太陽，改造等目錄翻閱一下，用我們中國人的眼光看來，就不能不發生一種驚奇之感；爲什麼戲曲，小說，隨筆，雜感一類文藝讀物，竟多至這個樣兒？要勉強回答，或可說是由於日本人的文藝愛好性特濃之故。因此，文藝作家就交好運了。——然實際上除菊池寬一類絕少數人可獲大利外，其餘仍恐不免受「自由競爭」的約束，難免凍餒之苦。

再有一點是出版家的廣告手段，除我開首所說變換廣告式樣以外，到了新年，又用所謂「別冊特別大附錄」的方法，以吸收讀者。如キング附錄昭和新讀本，現代附錄近世名人達人大文豪，婦女界附錄昭和日常社交禮法第三冊，婦人俱樂部附錄昭和婦人新文庫，婦人世界附錄夫人與小姐之祕密談，他如少年世界，少女世界，少年少女譚海等各有別册附錄二三種；這種附錄隨雜誌附送，不另取費，故熱心的讀者，愈覺得不忍釋手了。

「發禁」與「××」

最後必須就日本政府的檢閱制度說一說，因爲這是最限制言論出版，集會結社，上演（演劇）上映（電影）的自由的。如解散演劇團「前衞座」，在大阪演戲，禁止「無產劇場」在北海道演戲，是上演禁止之例；禁止黨人魂（Volga boatman）開映，是上映禁止之例；學生社會科學研究會，蘇聯大使館革命紀念展覽會，不許開會，是集會禁止之例；去年十一月二十八日在東京開馬克思主義學術講演會，大山郁夫講演約五分鐘之後，說到『今日我們運要求言論自由的呼聲，也不能自由地叫』一句話，卽被警官喝令「中止」；繼着河上肇演說，說到『東方的天空已經紅了，』也以「不穩」而中止：是言論不自由之例。現在要講對於出版物的檢閱了；照向來的辦法，出版物發行以前，先把樣本送到內務部警保局圖書檢閱課，受其檢閱；但最近因出版物突增，每月間依據出版法出版的雜誌達三千三百，依據新聞紙法出版的雜誌達三千，單行本達一千五百乃至二千（此數據一九二八年太陽年鑑）檢閱課方面人數太少，來不及檢閱，且因此曾發生錯誤事件，故決定廢止這種「內閱」；然因此一般出版業者，如失了安全瓣似地，反感到非常的恐慌；因爲等全部印刷完了之後，如果被發賣禁止，豈不要受極大損失？然而「戲法人人會變，」他們爲保全血本，自也有對待方法，這且留在下文再述。如今先看一看出版界受檢閱制度的影響畢竟如何。

影響的一種，卽所謂「發賣禁止」——簡稱「發禁」。據我調查所得，被「發禁」的書報有下列各種：單行本方面——列寧原著的給貧農（後出改訂版，）俄國新經濟政策，由資本制到共產制，共產主義左翼之小兒病，當做什麼（後出改訂版；）馬克思著的給苦格爾曼的信；布哈林著的勞農俄羅斯，社會主義的建設，我黨的綱領；布哈林，斯太林合著的俄羅斯共產黨之問題；斯太林著的新俄羅斯問答；齊諾維夫著的俄國社會民主黨史；威脫福格爾著的醒目的中國；羅卡基著的列寧；其他尙有怎樣學習列寧主義，佃農法草案之正體，社會主義之必然（後出改訂版，）震災殉難記，新社會之夢與科學，勞農俄羅斯憲法，小數派運動之使命，十一月革命之意義等。

雜誌方面——半旬刊無產者新聞，被「發禁」次數最多，如自去年九月至十一月，卽已受六回的「發禁」；十一月二十五發行的第一百十四號，納本——送當局檢閱的手續尙未完了，卽被全部沒收。其他如月刊農民運動インタナショナル（國際）也常被「發禁」。但在這裏就有二種取巧法：一是出版家在送納本以前，已經把大部分的刊物直接寄給讀者或分售處；所以有的雜誌，在讀者已經接讀以後，才見「發禁」的。——其實卽被「發禁」的書報，據作者親眼目睹，在書店或報攤上還是有得賣的。二是採用試探法以免虧本，怎樣呢？某月刊（暫不宣布）的出版家大概爲了與編輯者的契約關係，不能不把原稿付印，但又恐內容「不穩」會受「發禁」的影響，於是祇印了十部，送給內務部去檢閱（因照章必須送十部，見下表）；果然不出預料，下令「發禁」，然出版家已免去大損失了。

影響的又一種，便是删除；在删除處用「××」代之；但删除過多者，則寫着「以下原文幾項或幾頁削除」；原來被删除的文字，少自二字起，多至幾頁不等——如堺利彥的社會主義學說大要末了，被删去約四頁之多。至於那些字樣要被删除，那種主張要被删除，我想檢閱當局一定有個規矩；要是不然的話，恐怕也要鬧出今年三四月間上海軍事當局派員檢查各報新聞，你删去這條，他删去那條。結果還是露出馬脚來的笑話了。然而日本沒有這種毛病，所以我想他們的方法一定非常高明，大概是用「科學方法」的吧。

據我閱書所得的經驗，大概下列〔 〕內的這些字樣是要被删除的：各國的〔共產〕黨，〔世界革命〕國際〔革命〕的組織，〔共產黨〕的任務在於〔奪取政權〕，無產階級之〔勝利的獨裁〕，〔廢止〕私有財產，使各國資本主義制度〔崩壞〕，〔日本帝國主義〕，從一種社會類型到他種社會類型的〔激烈的轉移〕（Violent transition），〔革命及它的各方面〕，人類所懷抱的一大目的，卽〔共產主義〕，階級間的〔尖銳的鬥爭〕；綜而言之，凡是赤色的，含有破壞現社會組織，特別是破壞私有財產——日本出版界對於國體及皇室，尚不敢說帶「不」字意味的話，卽使在提倡馬克斯主義，主張勞農小市民大衆政治鬥爭的論壇上，亦然。——和暗示改變現制度的趨向及方法的字句，便都在删除之列。故僅僅「革命」「共產主義的社會」「帝國主義」等字面，是不一定删除的。對於整段文字所取態度，亦復如此。試拿 N. Bukharin: Historical Materialism 的英文本與日譯本對照來看，如 "Before the Working class, obtains power," 等句子都被删除。

以上所舉，不過是幾個例子。要曉得日本檢閱官的眼光手腕，的確高妙；他們能看出關鍵在何處，於致命處下一打擊，非常中肯扼要，這是何等的「深思遠慮」，實不能不相當佩服。我們又可以見到在有階級的社會裏，一切學問思想，都不能免除階級的特性；故在俄國，如康德流的哲學，是無存在餘地的，也有許多書籍是被禁止的；差異點只在俄國敢公然宣言學問的階級性，而在帝國主義各國，每欲假借「全民」「平等」等等好名詞以資掩飾欺瞞罷了。

對於這種日本政府的檢閱制度，日本民間團體如編輯者協會，文藝家協會，政治批評社，映畫時代社，築地小劇場，文藝春秋社，勞農藝術聯盟，日本プロレタリヤ藝術聯盟，日本漫畫家聯盟，勞農新聞社，無產者新聞社，同人社，東京記者聯盟等，已於去年七月間，設立「檢閱制度改正期成同盟」，決定要求條件，一般的有如一切檢閱機關，參加民間代表；設置審議機關；對於不當處分，得提起行政訴訟；特殊的有關於出版物，演劇，電影，美術等各項。

——附帶在這裏加說幾句。在新聞紙廣告上，也有爲所謂風化關係而把有些字面隱去，以〇代替的。試舉一例：「發育不良短〇，機能衰弱之男生殖〇，……弱〇亦可變爲強〇房〇過度手〇遺〇夢〇早〇陰〇包〇勃〇力弱」這許多〇究竟代表什麼字，且讓讀者「自明」吧。

舊書店 日本書店中以專賣舊書爲業的也不在少數。但這所謂舊書，並不像我們舊書鋪之專賣古本書；有些號稱舊書，其實只是 second hand 的罷了，無論就形式講，就內容講，都如新的一模一樣。如作者曾於去年十二月二十外買到一本農村問題之心理學的考察（美國波士頓大學 Ernest R. Groves 原著）還只是十一月二十五日才發行的，原價一圓五角，但我只出了九角。又如布哈林的資本主義之安定，去年六月間才發行，原價一圓二角，但在十二月中已夾在舊書堆裏只售六角。故在日本要買書報，儘可候到出版後一二個月，包你可用便宜價錢買得到。但要把舊書向書鋪求售，那自然極不值錢，通常都是拿許多書彷彿十本二十本一起賣去，但所得恐怕比原價十之一還不到。惟如教科書，或者內容的確較好的書，書店老板估量起來可以旦夕出賣的，那麼售價可以高些。如友人曾把美國 Chapman 的 Outline of political Economy 求售，因爲該書在上一學期曾被早稻田大學採用爲教本，友人騙他說該書下一學期仍然要用——其實他知道那位經濟學教授要赴法國去的，於是本來用日金四圓五角買入者，今得以二圓四角售去。否則如不能用作教科書的話，據說至多不過能得四角的售價。寫到這裏又想起一位朋友的經驗來。友人從國內帶來商務印書館一九二六年版的 McNaire 著的 China's New Nationalism and Other Essays 和 China's International Relations and Other Essays 二書，在原書上並未印有書價，他用鉛筆寫上一本四圓五角，一本五圓，結果怎樣？他竟得到四圓餘的售價，然實際原價統計恐還不值此數。又書店對於賣舊書者，要他注明姓名通訊處，這怕是防他或者是偸了人家之書來賣吧？又在日本當屋（當典）中，也可當書，聽說好的書可當值原書三分之一的錢。

• • • • •

關於日本出版界所想說的話，差不多已經完了，現在就來結束幾句。

一九二七年（昭和二年）的日本出版界，一般人皆目爲空前的可紀念的一年——即所謂「廉價全集」盛行的時代。原來最近二三年來，日本已有預約全集發行；據京都帝國大學新聞第六十五號所載文學部學生某君的調查，僅就他所蒐集的樣本而言，已在二百種以上。而自一九二六年十一月以降的一年間，從一冊三角的低價者起，至如大正新修大藏經（全五十二卷，價約六百三十圓）每冊十三圓的高價者止，亦超過八十種；其中如現代日本文學全集等，恰好的一圓本，近三十種；把其他雖少有高下，而受圓本影響所發生，故也可視爲圓本者加入在內，共有五十種。就圓本集的種類大別之，屬於近代文藝者八，關於國文學者五，世界文藝五，宗教哲學五，社會經濟五，科學六，工學三，歷史四，趣味游技四，婦人四，其他三；要之以文藝物，尤其是小說與戲曲為特多。

據日本出版業者如改造社，新潮社，中央公論社，第一書房，春陽堂各主人的意見（見十二月號文藝春秋）此種廉價的書物，其內容要是非時代的，非大衆的，恐不能達到三十萬或四十萬那麽多的大量生產的目的。就其所生影響言之，第一這種全集戰是文藝出版的勝利，（據新潮社長佐藤義亮說，連兒童用書在內的全集說部數，其中約有百分之八十是文藝類，）故可為民衆文藝熱狂的一個證據。第二為宣傳競爭所消耗的費用，統計恐在三百五十萬圓左右；又要出版幾十萬部的全集，非有大資本不可，故結果將實現出版界的資本集中，其他小資本的出版事業恐絕對難以立足。即今後將為大資本與大資本的火併時代，智識階級的落伍者再要設一間小小的出版處以謀糊口的機會怕要沒有了。第三這種圓本廉價全集到底為功為罪，說法不一；有的說是知識的普及與知識的欲求不兩立，故圓本集的流行，有妨於眞面目的單行書籍的刊行；有的說圓本特別是文學的傾向，擴大讀者的範圍，為不能否認的功績；有的說因圓本續出，讀書界的購買力要受制限，此後非出版精良書籍，在出版業者便難獲得好結果；又有的說此種「圓全集的旺盛，乃是「知識整理」上的一個過程，即為期待有「創造」的發展以前一階段的事業。總之，這種廉價全集的出版，是值得特記的事情，無論對於出版界，對於讀書界，對於印刷界，對於裝訂界，以及對於其他種種方面，皆曾激起波瀾，是無疑的——無論是革命影響或是醜惡現象，如相互排詆，打官司等等，所在多有。

末了，且錄日本出版業者兩巨頭的談話如下，以見出版界的形勢。

改造社長山本實彥氏談——圓本的大量生產，對於讀者雖是利益，但把出版界資本化了。這於小資本者的存在發生影響。不過這尚是十年以後的批判。所以來年還準備以廉價善本為標語，澈底的做去。在資本戰到了肉搏期的目下，雖也能預想到會有種種的反響，然至來年，仍要照現狀繼續下去。要之，雖在經濟界動搖之中，但改造社當為所欲為，祇求於文化的躍進有貢獻，即有任何犧牲，也所不惜；以前出版的種類範圍，決不稍變。

新潮社主佐藤萬亮氏談——在經濟界動搖的本年，於出版書肆本身，雖似發生種種困難；但並不以為因銀行休業，對於讀者也有影響。據我二十餘年的出版經驗，以為善本廉賣是一點也不受其支配的。書籍在今日已與新聞紙同為生活的食糧，故以為倘是有意義的書籍，決不至於失敗。因此世界文學全集雖在完結之後，尚要實行第二期的刊行。以前縱有認這種圓本洪水為有反響的人，但我在這點或有自信。今後一方面要注重新的文學，同時卻以為無論如何，非有社會問題做背景不可。如社會問題講座之類即為從這觀點出發者，現在想待明春議會的解散，發表可以作為民衆眞正的讀物的民衆讀本。

兩氏言之如此，自可從此窺見今後日本出版界的趨勢；證以最近新的預約全集尚在續出，故廉價書大量生產的運命未見即能告終；即資本集中的大資本主義行見在日本出版界中確立起來，於是文化事業愈將拜倒於資本主義的自由競爭之妙腕下了。

一九二八年，四月，於日本。

日本出版界之躍進

熊壽文

日本地似長蛇，人若侏儒，古代旣無絲毫文化可言，更以弱小僻處亞東，故有倭奴，小鬼之稱。不料他們到了現在，文化之發達，一日千里，揚輝於亞洲，且將稱雄於世界，卽西洋碧眼兒亦不敢輕視小覷。他們憑着好勝心，進取心，忍苦耐勞的毅力，雄厚偉大的決心，創造今日之燦爛山河，光華文化，後來居上，現在也居然瞧不起旁人了。

談到如何證明他們文化是向上飛騰，只看他們出版界近來驚人的躍進，便可徵實了。全世界上，除開德國，出版界就算他們了。玆表列如下：

一　與列國之出版圖書比較表

	一九二八年	一九二七年	一九二六年	一九二五年	一九二四年
日本	一九・八八〇・	一九・九六七	二〇・二一三	一八・〇二八	一四・三六一
德國	二七・七九四	三一・〇二六	三〇・〇六四	三一・五九五	二三・〇八二
法國	一五・六三三	一一・九二三	一一・〇九五	一四・九四三	九・四〇五
英國	一四・三九九	一三・八一〇	一三・七九九	一三・二〇二	一三・七〇六
美國	一〇・三五四	一〇・一五三	九・九三五	九・五七四	九・〇一三
意國	七・三二八	六・五三三	五・八七三	五・八〇六	六・三三二

二　日本最近出版圖書累年比較表

（昭和四年十二月末日本內務省警保局調查）

	昭和四年	昭和三年	昭和二年	昭和元年	大正十四年
政治	四二八	五四五	六〇五	六八〇	五二四
法律	五三三	五〇〇	五三〇	六二一	五〇三
經濟	七二七	四八六	三三九	四〇〇	四二〇
社會	八六一	七七五	六四二	六四一	五二七
統計	八四	一九二	一三七	一一九	一四四
神書	二一五	一五七			
宗教	一・〇二五	七六六	七三五	八二	八〇三
哲學	四九八	三三七	一九一	三五一	三六一
教育	一・八二七	三・三八三	三・二四四	三・八六六	三・三九
教科書	一・三二四	—	—	—	—
文學	二・四一八	三・〇八二	三・二七六	三・九〇〇	三・〇七五
語學	七九〇	五八三	六八〇	七二	七六
歷史	三一〇	三四七	三三九	三〇七	三六七
傳記	二〇七	三三七	一六一	三〇九	三六九

	昭和四年	昭和三年	昭和二年	昭和元年	大正十四年
地誌	七一二	七六六	六九	一・一八〇	七九八
紀行	七七				
數學	三五一	一〇九	一四二	一〇八	二三八
理學	四九二	三三九	一八八	三二	三三二
工學	二五一	二六六	三五〇	四四五	四三八
醫學	六一七	四九八	四八〇	五一七	五六八
產業	三六六	四二七	四一八	六三五	七九八
交通	一〇八	八〇	二五三	四一	一〇〇
兵事	九七	八一	六九	六五	九一
美術	六二七	七二一	六一六	七五四	五六〇
音樂	一・二八四	八五五	一・〇〇九	七〇〇	八六七
技藝	一〇二	四四〇	四九一	七四六	八六九
辭書	七九	八六	七七	一〇二	一四一
叢書	八四	二三三	一六五	九八	一三六
評論	二四	三六	—	—	—
家庭	八四八	二九三	—	—	—

娛樂	六七四	一八七	—	—	—
雜	三・一九二	三・〇二八	四・三三二	一・八九五	一・三〇七
合計	二一・二一一	一九・八六〇	一九・九六七	二〇・二二三	一八・〇二八

共計三十二種

三　日本出版圖書數歷年表（內務省警保局調查）

	著述	翻譯	編輯	反刻	總數
大正元年	二三・八六八	九一	二一・三二七	—	四五・二八六
同二年	二三・一〇四	八七	二一・三二五	—	四四・五一六
同三年	二四・五五四	二八三	二一・七三六	—	四六・五七三
同四年	二四・三三二	一一六	二四・七三三	—	四九・一八一
同五年	二四・五〇一	六〇	二五・三四一	—	四九・九〇二
同六年	一一・八二七	一一三	二四・一八五	八・九八六	四五・一一一
同七年	一一・五六〇	一四八	二五・一九五	一二・〇四四	四八・九四七
同八年	一〇・四〇〇	一五三	二三・九四〇	一二・七六一	四七・二五四
同九年	九・五八六	二六二	二二・四一二	一一・九一六	四四・一七六
同十年	一一・九〇〇		二一・〇九七	一二・八九一	四五・八八八
同十一年	一三・〇八一		二一・五九四	一三・七二九	四八・四〇四
同十二年	一〇・九四六		一八・四〇八	一〇・五九六	三九・九五〇
同十三年	一四・三六一		二三・四三三	九・七三五	四七・五二九
同十四年	一八・〇二八		二五・六三六	一三・八四四	五七・五〇八
昭和元年	二〇・二二三		二九・二八〇	九・四六八	五八・九七一
同二年	一九・九六七		三三・七一五	九・五六七	六三・二五八
同三年	一九・八六〇		三二・六九一	七・六〇八	六〇・一五九
同四年	二一・二一一		三七・四〇二	一〇・二四一	六八・八五四

觀上表，我們應該注意的幾點，就是：第一，日本出版界的發達，質與量都非常豐富，躍到世界第二國。第二，日本當濱口內閣高唱緊縮政策，及全世界貿易市場冷落不堪之秋，昭和四年一九二八年度出版物之總數，較前年增加一・二三一種。第三德國為全世界學術之淵源，其出版界之發達，自是當然；可是日本自明治以來僅五六十年之過程，現在居然列世界之次位，可不令人稱奇麽。

他們出版界之如此的發達乃有下述幾種原因：

（1）日本人不歡喜一暴十寒，有始無終，半途而輟；也不歡喜賣弄聰明；因其性情之笨，精力強，歡喜用死工夫，——眞工夫——研究古今學術，探求東西文化。他們每有一人肯費畢生的精神，編纂一部大字典，或大辭典；耗長年的歲月，翻譯外國名人的大著作。這都是難能可貴的工作，這也便是他們出版物發達的根本原因。

（2）他們近三四年來，大批全集的豫約，姊妹版的並行，廉價版或普及版的發賣，圓本書的銷售，營業間之激烈競爭，巧妙宣傳，流行物之高速度的出版，集團的製造：自有這種傾向以後，出版界的發展，便一日千里了。

（3）一個時代，便有一個時代的思潮。出版界便是順着新時代思潮並進的象徵，換句話說，出版界負有與時代相推移的使命，和改造社會，人生的重要性。現代思潮的主流，其說不一，也有人稱之爲普羅，愛羅，特羅，怪羅之四羅時代，也有人稱其爲斯克玲，斯波得，斯丕特，色克斯之四斯時代。按普羅即無產階級（法語Prolétariat），愛羅即戀愛學（英語 Erotic），特羅即恐怖主義（德語 terrorismus），怪羅即怪異的形象（英語 grotesque），斯克玲即映畫（英語 Screen），斯波得即運動（英語 Sport），斯丕特即速度（英語 Speed），色克斯即性別（英語 Sex）之意。簡言之，四羅，四斯，都是代表現代思潮的主流，是確實無疑的。不過以運動的，社會主義的，映畫的，戀愛的方面，爲超時代的驕子，怪異的方面，爲一九三〇年的寵兒。日本的出版界，便是順應這種新潮流，新趨向，而澎湃向前進展的。

（4）他們盡力介紹西書的，有日本橋的丸善；質量豐富，價錢便宜的，則有改造社。東京本鄉帝國大學前新書店最多，神保町舊書店最多。每一個大學附近，有不少的書店；同時各大學內，也有巨大的出版部。

總而言之，我們中國與埃及，巴比倫素稱爲古代文化之邦，到了現在，文化反而落後，樣樣不及他人，還着日本出版界如此的發展，能無愧色麼？能不睡獅猛醒麼？能不及時努力，急起直追麼？

一九三〇年十二月八日於東京高師。

日本之教育出版界

吳自强

一、小引

不問什麽時代，不問什麼地方，教育圖書是常與一國之文化有密切關係，文運之發展固靠着其教育出版界如何爲轉移；就是國運之隆替也莫不視其教育出版界爲依歸，這是大家所明白的。日本自明治維新以來，百般事業均倣傚西洋，教育當然不能例外，故自明治五年頒布學制之後，教育書籍幾全部譯自英美原本，到明治二十年，雖稍轉換方向，模倣德國，介紹德國教育思想，然亦不過大同小異，凡西洋所有名家著作，都大概輸入進來了，無論單行本和教育雜誌，都日見增加。尤其是自大正以後至昭和時代，更有激烈的增加，五花八門，應有盡有，雖其質之如何，又另屬一問題；而其量之增加，亦足令我們聞之驚異！無怪乎其教育的發達在世界上亦佔有相當地位。茲特將其教育出版界之概況，簡單的陳述於后，以供國人研究日本教育者之一參考。至所加批評的地方，或由我個人主觀太重，致和事實不符，則請讀者深加考慮爲幸！

二、教科用書之編印及銷行狀況

日本各級學校所用的圖書，除高等專門以上學校，均爲教授自編講義，或採用原書外，其他中等學校和小學校，則都採用一定的教科書，不過其編纂方法和發行狀況，則各有不同：

(一)小學校之國定教授書　日本小學校所用之教科圖書，

古來都是由民間編纂經文部省（教育部）調查後，任其自由選擇，及至明治十九年則在小學校令規定：『小學校之教科書，限定文部大臣認可者。』更於二十三年改正小學校令時又規定：『就文部大臣所檢定者，再由小學校圖書審檢委員會審查之，經府縣知事許可後，則採用之。』又明治三十六年，據貴族院衆議院之建議，爲謀德育之歸一，及國民精神之統一起見，乃改由國定制度，而開國定教科書之端倪。（註一）自此以後，文部省內特設圖書局，其任務：⑴關於教科用圖書之編輯及發行事項。⑵關於教科用圖書之調查，檢定及認可事項。⑶關於國語之調查事項。（註二）故現在小學校所用教科書裏面：⑴凡關於修身，國語，算術，歷史，地理，理科，家事，圖畫等，非文部省圖書局編印者，則不能採用；⑵農業，商業，工業，英語，體操，裁縫，手工，唱歌（尋五以上）等，或採用文部省所著作者，或就文部大臣檢定者，由府縣知事加以採定之；⑶但體操，裁縫，手工，唱歌（尋四以下）等，不能全採用兒童用教科書……之規定。（註三）不過小學校之教科書雖是這樣的規定，而因爲國定教科書材料之不充足；或課題之擇定，不適合於地方情形，無法運用，仍有少數的地方，私自採用國定教科書以外之圖書，本把國定教科書，徒作假門面，而教師另採用其他教材。（註四）這種現象，說起來雖是違反國法，但亦足以表示國定教科書弊端之一般，日本政府近來亦想到此點，故自大正十五年以來，即自高等小學校以後，着手另編一種農村用高小讀本，其編纂理由，即：『從來普通用的高小讀本，雖在普通用的性質上，亦有關於農業田園的文章；但是農村在今日，漸次積集了種種問題，其經營方法，亦感覺困難，故爲將來在農村活動之兒童，使之對於農業生活，有眞的理解及覺悟起見，不得不再另編農村用高小讀本，以養成其安於農業之精神。』（註五）由此觀之，那從來普通用的讀本，其不合於地方情形，已明見一般。這種農村用讀本，在昭和四年（民國十八年）均已先後實施，其材料內容，與從來普通用者，不過稍爲不同，約有三分之二弱乃至二分之一强爲共通者，其程度亦相等。（註六）

這樣看來，日本之小學校教科書，在尋常小學校之六年間，因爲謀思想統一起見，則非全採用國定教科書不可。至高小之二年間，則雖亦須用國定教科書，但尙有普通用和農村用兩種，普通用者，大多在都市高小採用之，鄉村高小自然是採用農村用者，此亦可說是日本小學教科書革新之一新紀元也。

（二）中等學校之教科書　中等學校不用教科書，在法令上雖無若何裁制，但一般之中等學校，大都是採用教科書，這種教科書之編制，則無國定制度，由各書店商請各方面之教育權威者參照各種學校所規定的課程內容及教授時間數，編制一種適宜的教科書送交文部省審查，經文部大臣認可後，乃印刷出版，所定價格，亦須得文部省之同意，此外或直接由各教育權威者依一定手續請求認可後，再商請書肆出版，此種辦法，大約與我國相同，此種教科書出版後，由各校自由選用；但有些地方採用教科書時，要經地方長官認可後，方可採用；又有些地方，可由校長將地方特別不同的情形，向地方長官報告，由地方長官轉呈文部省，經文部大臣認可後，於可能範圍內，得不採用文部大臣所認定之教科書。（註七）

要之，日本中小學之教科用書，雖則一由政府編定；一由政府審查認可，然其內容均頗銜接，主張亦前後一貫，有條不紊，我以為這就是促成牠劃一教育成功之主要原因。至其發行手續又怎樣呢？就是：小學教科書則由文部省提出相當資金，再由民間集股，組織巨大的株式會社國定教科書共同販賣所，設於東京，印刷後由該處分銷各地販賣所，故價格比較低廉。至於中等學校之教科書，則由各出版所分別售賣，一種教科目所用的圖書，至少有幾種的不同，所定價格，雖有文部省相當加以限制，然隨時漲跌無定，最近兩年來，因社會上極陷於不景氣的狀態，父兄負擔子弟教育費，極感困難，凡有子弟入小學者，每學年開始時，教科書費雖祇要一圓上下，而入中等學校者，至少要二十圓上下，因此，自去年以來，教科書減價運動時有所聞，文部省乃自昭和五年度起，酌量減低，小學校用書，每冊多則十錢以下，少則四五錢不等；中等學校用書，亦通告各關係書店，一律酌量減少。（註八）又該教科書之銷行狀況，全靠每年中小學生之人數多少為轉移，換言之，即視中小學教育之發達與否為斷，日本之普通教育，在世界各國中，可算是相當發達的，祇看昭和二年至四年之

年度	小學校	師範學校	中學校	高等女學校	實業補習學校
昭和二年	九、二八七、六六二人	四八、六四七人	三一六、七五九人	三二六、二〇八人	一、一九六人
昭和三年	九、四九七、九七七	四九、三九四	三三一、六五一	三四三、五七八	一、三〇一
昭和四年	九、六八〇、七三二	四八、九三〇	三四三、七〇九	三五九、二六九	一、二八〇

三年間兒童數之激增，就可知教科書銷售之年有增加也(註九)。

再就文部省自昭和二年至四年關於教科用圖書檢定及翻刊之統計表觀之，雖中等學校方面稍減，而小學校所用的教科書，現仍有增加之趨勢(註一〇)。

年度	種別	中學校用	師範學校用	高等女學校用	小學校用	合計
昭和二年	檢定認可部數	二四三	一四〇	一五六	一六	五五六
	檢定認可冊數	五一五	二六四	三六一	二九	一、一六九
	翻刻發行數	—	—	—	五八、五三五、〇〇〇	五八、五三五、〇〇〇
昭和三年	檢定認可部數	二一七	一二三	一七七	二八	五四五
	檢定認可冊數	四八〇	二二四	三七七	六一	一、一四二
	翻刻發行數	—	—	—	五八、二六三、八〇〇	五九、二六三、八〇〇
昭和四年	檢定認可部數	一七六	一〇八	一六一	三八	四八三
	檢定認可冊數	四三七	一八五	三三五	八四	一、〇四一
	翻刻發行數	—	—	—	六五、九一八、〇〇〇	六五、九一八、〇〇〇

三、教育書籍出版之概況及其趨勢

要談到這一點，那非將明治年間一直到現在的教育出版物全般調查一下不可，這種工作，實非我短時間所可做到，好在這專號內容頗多，祇要我們將緊要的地方介紹出來就够了，故我膽敢把日本數十年來之教育出版物，祇舉其與時代思想發生影響者，約略的寫些出來，俾讀者知其趨勢所在就是了。

(一)第一時期的教育出版界(明治二年——三十年)

明治五年頒布學制，請美國教育家來日指導教授當時社會上所出版的書籍，盡皆翻譯英美法的名著，一直到明治二十年頃爲止，日本教育界都是爲英美法的教育勢力所支配，這二十年間日本教育界有名的書籍如下：

荷蘭學制上下二卷——開成學校出版(明治二年——一八六九年)

法國學制十卷——文部省出版(明治六年至九年)

普魯士學校規則——文部省出版(明治八年)

尺振八氏譯斯賓塞教育論(Spencer: Essays on Education——(明治十三年)

米國學校法——文部省出版(明治十一年)

若林、白井共譯：改正教授法，小學教育論，教師必讀。

高嶺秀夫譯教育新論 (Principles and Practice of Teaching)

添田壽一譯科學教育學說——（明治十七八年）

有賀長雄譯 (Johonnot 1823—1888) 之實利主義教育學說

到明治二十年以後，覺得這種教育思想，偏於功利主義，恐怕容易釀成個人主義的思想，故又轉過目標，採取和本國思想相合的德國學說，自後教育出版書籍，多是屬於德國海爾巴脫（Herbart 1776—1841）一派的文獻，自二十年至三十年間，海爾巴脫學說，在日本可說是全盛時代，當時最著名的書籍如下：

湯原元一著教授新論（依據海爾巴脫之學說）

大瀨甚太郎著教育學（同上）

藍化氏譯 Umriss Pägogischer vorlesungen

澤柳政太郎等著普通教育學

山口氏著教育精神

國府寺氏譯克倫氏教育學 (Kern : Grundriss der Pädagogik als Wissen Schaft)

稻垣末松譯麟氏普通教育學 (Lindner : Allgemeine Erziehungslehre)

岡田氏譯科學的教育學 (Fröhlig : Wissenschaftliche Pädagogik)

能勢氏重譯來因氏教育學 (Rein : Pädagogik in Grundriss)

谷本富著實用教育學及教授法（是海氏之實際方面）

谷本富著科學的教育學講義（概括的論海氏學說）

（二）第二時期的教育出版界（明治三十年後—末年）

明治三十七年日俄一役，日本獲勝，全國上下均歸功於小學教育，益覺模倣德國教育之成功，乃自明治三十年後一直到明治末年頃，教育出版界仍多海氏一派之論著。同時順着德國教育學說之變遷，又介紹那托爾伯 (Natorp)' 派的社會的教育學說，及其他實驗心理學的實驗教育學說，新個人主義的教育學說，人格主義的教育學說，公民的教育學說等……這時期所謂特別的地方，就是教育出版界，不光是繙譯的書籍，幷有很多是匯通各學說加以主觀的批評的書籍，玆將各派的代表刊物列后：

(a) 社會的教育刊物：

谷本富著將來之教育

熊谷五郎氏著最近大教育學

稻垣末松譯那托爾伯之社會的教育學

樋口勘次郎著國家社會主義的新教育學

吉田熊次著社會的教育學講義

田中義能著科學的教育學

野田義夫著教育學概論

(b)個人主義的教育刊物：

谷本富著系統的新教育學綱要

(c)調和派的教育刊物：

大瀨甚太郎著改訂教育學講義　森岡常藏著現今訓練上諸問題

溝淵進馬著教育學講義　小西重直著教育學概論

(d)生活完成的教育刊物：

下田次郎：以完成生活爲目的的教育學說

(e)文化的教育刊物：

乙竹岩造著新文化教育學之研究

(f)人格主義的教育刊物：

中島半次郎著人格的教育學思潮和人格教育學

(g)實際的教育刊物：

澤柳政太郎著實際的教育學

(h)自動主義的教育刊物：

河野清丸著自動教育的原理和實際自動主義最新教授法

(i)國家公民的教育刊物：

川本宇之介著公民教育的理論和國際補習學校的組織和經營

(j)分團式的動的教育刊物：

及川平治著分團式的動的教育法，分團式各科動的教育法，

(三)第三時期的教育出版界（大正元年頃——現在）

以上是明治三十年至末年頃教育出版界之大概傾向，關於這類的著作品此外還有很多，可是自大正六七年間發生世界大戰，把日本素來崇拜的德國，公然打倒下去了，因之日本教育界，也跟着西洋之後而改變一些新門面，所謂新實利主義一派之著作又出世了，譬如帆足理一郎所譯杜威之教育哲學概論(Democracy and Education)也就是一個好例，他如樋口長市著自學輔導主義的教育法，木下竹次郎著學習原論，稻毛詛風著創造本位的教育觀，手塚岸衞著自由主義教育眞髓，小原芳國著母親的教育學，千葉命吉著一切衝動皆滿足的教育學說等，……都於日本教育界發生相當影響，或由私人根據原理，創辦新式學校，或藉此以改良舊式的學級教授，但自入昭和以來，這類的出版物好像又不多見而另現出一種新頭而來了，例如：

(a)先驗主義的教育刊物：

篠原助市著理想的教育學、教育之本質與教育學

(b)公民教育的刊物：

木村正義：公民教育

岡篤郎著：實踐補習公民教育之研究

北澤種一著：公民科之教材研究（上下）

(c) 勞作教育的刊物：

白上千秋著：精說勸勞教育

小西重直著：勞作教育、教育之本質

北澤種一著：勞作主義學級經營論、其他、

(d) 鄉土教育的刊物：

小川正行著：鄉土之本質與鄉土教育

大西伍一著：「鄉土讀本」之編纂法及其實例

(e) 現象學的教育學的刊物：

入澤宗壽著：現象學的教育思想的研究

渡部政盛著：現象學和教育

岡田怡川著：現象學派的哲學和教育思想

此外文化教育學的書籍，在這時候還是很多的出版，不過最足令人注目的，就是自前年以來，教育出版界，忽然的出現了一種新與社會主義的教育刊物，如：

志垣寬著：蘇俄新教育

仲宗根源和著：勞農露西亞新教育之研究

淺野研眞編譯：馬克斯主義與教育問題

野上莊吉著：日本教育界暴露記

和田不二三著：新露西亞之教育的批判研究

等，都是這方面要緊的書籍；可是關於這方面的東西，因爲政府檢查甚嚴，如果過於左傾，還是不許發行，這類書籍若日見增多，我想於日本國家，也多少要發生影響。

日本之教育書籍，由上面三個時期觀之，大約當可知其趨勢之所在。不過此外還要敍述的，就是其質與量之問題了，關於這一點，雖有牠全國教育發達狀況爲之證明，本無容再說，但爲謀便利起見，除關於質的方面，在結論上再簡單的說明外，此地只把量的方面調查一下。日本之出版界，據昭和四年調查，共有二一，一一一種，佔世界第三位，這總數底而，第一多者爲文學書籍，（佔二，四一八種）其次則爲教育書籍，而教育書籍裏面又以小學生和中學生所用的參考書爲多，茲特根據內務省（內務部）警保局調查，將昭和元年至四年關於教育書籍種數列后，以資比較。（註一一）

（註明）昭和四年因初入不景氣時期，凡百書籍出版均少。

書名	昭和元年	昭和二年	昭和三年	昭和四年
教育書	三、八八六種	三、二四四	三、三八三	一、八二七
教科書	—	—	—	一、三一四

四、教育雜誌界之概況及著名雜誌之主張與論調

(一)概況

教育單行本之出版概況，已略如上述，我現在再來檢討一下日本之教育雜誌界情形。關於這方面的出版物，在明治三十年頃，始漸見出世，一到明治末年，則日見增加，經過大正一直到昭和時代，總是年年增加，即據昭和五年四月日本雜誌協會之調查，全國雜誌共有五百九十一種，而關於教育方面者，就有七十五種，(各地方教育機關誌不在內)到本年十月就增至八十九種，十一月又增爲九十餘種，(註一二)這兩種統計，雖分類標準有廣狹之別，但其足以表示增加率之大，則確然無疑。這些雜誌裏面，雖內容貧弱，無甚價值者，固屬不少，但其有參考之價值者，據教育年報之推薦亦有六十三種之多(註一三)此外我還要依據本年十月，十一月出版之教育雜誌裏面所收集之各項教育資料，分類作一統計如下，以便比較究竟屬於那方面者爲多？

	分類＼月份	十月份	十一月份	合計
理論部	概說	8	2	10
	特殊教育制度	4	4	8
	特殊人物	4	5	9
	教育的世界觀	26	32	58
	教育的人間學	16	16	32
	教育的社會學	68	56	124
	治療教育學	2	0	2
	性教育學	3	2	5
	感化教育學	3	10	13
	職業教育	5	12	17
方法部	教育制度	30	50	80
	一般教授論	33	35	68
	各科教授論	222	351	573

由上面看來，無論何方面的文獻，都是供給從事中學、小學教育的研究者和中小學學生的參考者爲多，故我們從此可斷定日本中學小學教育更爲發達也。

(二)各著名雜誌的主張和論調

其次再要討論的，就是各雜誌的內容問題，若要將這九十餘種之教育雜誌，一概調查一下，實非事實所可做到，故祇得將其中歷史稍久，內容又豐富，而著有特別色彩者，列舉如下：

教育學術界　這種雜誌，是日本教育學術界協會所編印的，

自明治三十二年十一月發行以來，有數十年光榮之歷史，現任該會會長岡田怡川氏，與日本教育界有名學者，都有來往，故該誌上所發表的文字，都是公私立大學教授所著作的，自命爲日本教誌中之權威者，其思想主張，頗能順着潮流，恰合日本國情。

教育研究與學校教育　前者是東京高師附小初等教育研究會所編印的，歷史亦久，銷行之多，爲其他各雜誌冠，蓋以該誌內容，多屬依據教育勅語發言論，而對於教科書材料之解說，及實際問題，又多多搜羅，故政府當局頗加推薦，據云日本各小學校至少要買一冊以資點綴，至於學校教育則爲廣島高師附小教育研究會所編印的，自大正十三年發刊以來，於今不過十年，該誌關於裴斯塔洛齊之學說及實際方法，多所介紹，蓋以該高師研究裴氏教育，頗有特長，惟其銷行數，則遠不如教育研究。

兒童教育與學習研究　兒童教育係東京女高師附小兒童研究會所發行的，該會主事北種澤一氏近來主張勞作教育，該誌鼓吹這種思想的著作頗多，且隨時將該附小實施狀況公布，得受讀者歡迎。又學習研究則爲奈良女高師附小學習研究會所發行的，該附小主事木下竹次氏實驗學習新教育，在日本算是第一人，他說：『我們自實施學習法以來，已經多年，在最近十數年間，學習漸漸普及，但尚未十分澈底，這次我們更謀學習澈底起見，特將平日研究所得，揭載於本誌，以供讀者諸君之參考。』（註一四）由這一段話觀之，我們就曉得該誌之主張怎樣。

教育問題研究　該誌爲成城學園長小原國芳所主編，主張全人教育，凡關於道爾頓制及文納特卡制的學說，亦多所介紹，蓋以該誌爲玉川學園成城學園等新學校之雜誌，對於高師附小多表不滿，凡玉川學園所出叢書，亦以偏於這方面的學說爲多。

教育改造　該誌是武田勘治等於昭和六年六月發行的，批評當今日本教育學說，只知說昨日之教育學，不能講明日之教育學，教育實際家亦低迷於傳統的教育，不能舉行新的試驗，又雖說新教育者，也是口裏言教育改造，仍是帶着舊的色彩，凡此種種，都是該誌發刊的主要目標。

近代教育　本誌是志垣寬等於昭和五年發刊的，其目標即淸算虛飾贅冗之教育，而建設適合時勢及現代生活之實物的教育。（註一五）

新興教育　這雜誌是昭和五年九月由山下德治等所組織的新興教育研究所所發刊的，純是站在無產階級之立場說話，其創立宣言最末段云『教育勞動者組合，是我們之城塞；新興教育是我們之武器。藉着「新興教育研究所」所要達到眼前之任務者，即從事於反動的資本主義教育之嚴正的批評，及其實踐的排擊；他方面則謀新興教育之科學的建設及其宣傳。』(註一六)由這一段話觀之，其主張與論調，當不言而喻，惟在日本文網密布的時代，這種刊物有時還是要禁止，目下仍在苦門中。

現代教育　這是本年五月間宮田氏等所創刊的，其主張在不偏於左右，始終用嚴正之態度，以從事眞理之探求，及其實現，而特別注意下列三綱領，即(1)將日本之教育，適合於日本人之個性及其生活——即措置於社會生活和經濟生活上；(2)使科學的和哲學的精神徹底；(3)尊重自由討論之精神。(註一七)

除上述數種之外，他如帝國教育、教育論叢等偏於理論和教育政策方面，與教育學術界及教育研究論調不相上下，又教材王國、主任訓導界等偏於實際方面，與各高師之機關誌同屬一類，因篇幅所限，恕不多贅。

五　結論

日本教育出版界之概況及其趨勢，已略如上述，不過我還要總括幾句，給國人一個明瞭的概念。日本自明治以來，其教育出版書籍，雖有時介紹英美各家之學說，有時介紹德國之學說，然總不外乎介紹資本主義教育方面之著述，很少獨自創作的書籍。辻教授說得好：『日本在外國留學回來者，見西洋有些新教育學說，在外國教育界雖尚未施行，而日本學者即介紹回來，作爲珍奇寶物，其介紹書籍或翻譯作品，可說是世界第一，這也是由於日本人輕信，盲信，無批評的敏感性而來的。』(註一八)教育出版界既有這種的表現，那數十年來模倣所得，當然會隨着西洋各國一樣，造成一種巨大的資本主義的國家，自歐戰以還，各資本主義國家內部發生破綻，日本又何能走出例外，遂以近數年來，見蘇俄革命漸告成功，教育出版界也就有所謂新興教育的介紹，幷且痛罵日本現行的新舊教育，都是資產階級之教育，刻下正是左右各派鬥爭的時期，新興教育派之勢力，雖尙微薄，然這種刊物既已出現於教育出版界中，當然不能抑止，雖如何設法調和，空理想終難有濟於事，總之這種傾向，我可歸納一句，這都是日本人長於模倣所得來的結果。

(註一)渡部政盛：最新教育辭典——教科書欄

(註二)文部官制第六條之四

(註三)與註一同、

(註四)關屋龍吉：敎育讀本（四三頁）

(註五)文部省農村用高小讀本卷一至卷四編纂趣意書(昭和四年十二月版)

(註六)同上

(註七)與註一同

(註八)昭和六年敎育年報——敎育時事欄

(註九)文部統計摘要(昭和二三四年)

(註一〇)同上

(註一一)昭和六年朝日年鑑

(註一二)敎育(敎育科學附刊——岩波書店)

(註一三)敎育年報——著名雜誌欄

(註一四)學習研究學習徹底專號

(註一五)近代敎育創刊號

(註一六)新興敎育創刊號

(註一七)現代敎育創刊號編輯尾聲

(註一八)辻幸三郎著：各國敎育學之現狀

二〇、十二、十五、於東京

日本出版界印象記

——一個書業從業員的觀察——

李衡之

一　出版業的基礎

船在神戶停泊，有一日夜的逗留；因爲觀光，即上了岸，想到神戶各名勝兜個圈子。未到日本前，即聽人說日本的出差汽車是和上海的黃包車一樣雇法的，到了神戶，果然在街上看見面前置着『空車』牌子的汽車滿街飛。在三之宮車站前排列着十多輛空車，我便向他們去打交涉。跑過去很觸目的給我一個印象，是司機者都是這末整齊的西服，坐在車中大多是手捧一書在閱讀的。起先我還並不怎樣子以注意，待坐了他半天車，每到一處休息的時候，即見他把書取了出來，我才去留意他的書名，一看乃是一本『自動車修理學』，再看他的身邊，還放着一本當月號的日本評論。

這使我發生了一些遐想，同時也使我回想到船中的情形。在三等艙中與我同住的有七八個製酒公司的工人，穿着有『菊正宗』牌號的工衣，這種人在中國，大多是目不認丁的，但在船中二日，在空閒的時候，他們多是手不釋卷的，文藝春秋、朝日、中央公論等雜誌堆滿了他們所睡的枕頭邊。

到了東京，使我對於日本一般教育程度，有更進一層的認識。無論小販脚夫，『不識字的』那眞是少有的奇事。浴室裏的女招待不是握着一卷奥の奥，即是婦女公論，咖啡店裏的『女給』更多受過高等教育的女子。有一次在一家叫做不二茶寮的喫茶店中，有個女給來給我們斟酒，順口說：『勸君更進一杯酒，西出陽關無故人，』我們好奇的和她談起天來，她不但讀過唐詩，她還讀過高畠素之的日譯資本論，她更進而給我們討論布哈林的機械論，對於偶然與必然的問題，她還提出了自己的意見。

這種事情是很普通的。有一天飯後，和我們同住的丁小姐奏了一曲鋼琴，奏的是馬賽歌，奏錯了一個拍子，正在給我們收拾飯具的『女中』（即女僕）突起提出了修正的意見，這在當時很使我們驚異。接着我們又奏風流寡婦，她也和着我們唱起來。後來我們問她，知道她是洗足池女子中學卒業的。女子中學畢業生而爲『女中』，是極平常的事，大家知道的河上肇博士的令嫒，不也是做過女招待之類的工作嗎？

給我們送報的那個報販，是早稻田大學的法科畢業生，給我們收衣服去洗的那個洗衣作工人，是在日本大學讀過二年書的。

這一方面自然是表現出日本資本主義經濟恐慌下的危機，站在今日的中日關係上來說，這又是中國的一個無形威脅。由出版業的立場來看自然這是日本出版界的廣大的市場基礎。中國的人口號稱四萬萬但每本「國人均宜人手一卷」的佳作決不能有銷出「四千千」甚或「四百百」的。購買力衰落的經濟作用是一個原因而教育的不普及市場基礎的狹隘更是一個重大的原因。

二　書店與出版部

雖則日本一般教育程度的提高，雖則日本出版業的發達，但以書店作單位來說，其規模之宏大有如中國商務印書館，甚至中華書局的，實在不多見。日本最大的書店，據我在東京數月短期勾留中所觀察到的，似乎要算神田區的三省堂、東京堂及岩波書店等幾家。以門市來說，三省堂的門市部或者可說是東亞第一了，四馬路的那些書店都比不上它。和東京有名的幾家大百貨公司差不多，建築也是相當富麗堂皇的，分部很多，書籍雜誌以外文具儀器也是很出名的，在二樓還附設有食堂，規模相當的大，自非以前創造社門市樓上附設咖啡店，華通書局樓上附設拉丁區飲冰室可比。但是我們要注意的，三省堂的門市規模固大，但所售的並不全是它的本店商品，反之，它的本店書籍不過佔營業的一小部份（大概還不到十分之一吧。）所以三省堂的門市祇是一種商品比較專門化的 Department 而已並不能說是純粹的書店門市，而在出版書籍方面規模並不大，比不上商務，似僅勝於開明世界而已。

在出書方面規模相當大，傳說資本近百萬的岩波書店，所出的岩波文庫及各種叢書氣魄確有可觀，但比之萬有文庫四部備要等來，似仍有遜色。此外，如東京堂嚴松堂等，亦都是相當大的書店，但比起三省堂岩波等來，却又等而下之了。

再如在中國學生心目中佔相當重要地位的，所謂專賣西書的書店丸善，在東京最熱鬧的區域銀座，也和三省堂一樣，門市規模確有相當可觀，但所有的西書，一定說是比商務西書部及中美圖書公司所有的要多上幾倍，那也未必。在實質上，丸善亦是近於百貨商店式的 Department。

自然，這樣個別的來觀察日本書店，是不能瞭解其出版業之整個機構的。日本書店特別規模大的固然沒有，但這並不是說日本的出版界比中國為消沉；却是相反，即在軍部警視廳虎視眈眈下之今日，日本的出版界還是比中國不知要興盛到幾多倍。

然則日本何以沒有特別大的書店？日本出版業却又特別發達的原因是什麼呢？——後者的問題很簡單，自然是由於日本一般教育程度的提高而成問題的是日本何以不能產生中國商務似的大書店，而各書店又是除了總店外，很少有分店的。

要回答這問題，必須要找到日本出版業的特性。據個人的觀察，以為有二點是可注意的，卽：一、學校教本的專利，二、一般商業市場的統一。這是怎樣說呢？

中國出版業的過去基礎，可以說是全建立於教課書上的，自一九二七年新的文化運動開展以來，『新書業』發達，營業基礎略有異於往昔，但不久以前各書店又紛紛以教課書為其生命線。教課書的賣買是具有相當的排他性的，獲到教課書營業競爭勝利的書店卽可漸形膨脹起來而發展為很巨大的賣買。我在日本時，雖想對於日本各學校的教課書及其編制印行等作個較詳細的調查，結果終於因手續較難而未果。但日本教課書的編印出版，有個與中國很不同的地方，則是誰都知道的。這不同就是：日本的教課書是由文部省所統制，尤其是中小學用者，編制權固由於文部省，卽發行權亦由文部省委託某一印刷者專利，獲得這種專利權者，均非較大的著名的書店。就為了這樣，中國書店所特有的一部份重要的營業——教課書賣買，日本書店是沒有的，日本各書店所競爭的對象是參考書及一般讀物，而這類的出版物都是不易壟斷獨佔的，因此日本書店的勢力，隨之分散開來。

但這並不是說在書業企業中『大經營驅逐小經營』這一鐵則是不存在的，在日本出版界中這種現象也仍是存在，如某某文庫等，卽是帶有大資本驅逐小資本的威嚇性的工具，大概被列入文庫中的書的價格比一般散本要便宜好幾倍，例如同一本書，在單行本出版時，實價二元的，到列入某某文庫後，版本縮小，定價亦卽縮至二三角。發刊文庫的，祇有資本大的書店才有能力，而文庫的發行，對於散本的賣買自然是一個大打擊。如被包含於岩波文庫、改造文庫、新潮文庫中的名著有若干都是有散本的，但散本是少有人過問的，因散本的定價卽使對折當『古本』(舊書)賣，其價格還是比文庫中的為高。

除教課書營業與書業競爭無關外，作為日本出版界之別一特徵的，是其國內一般市場的統一。這話是怎樣講呢？我們仍可以中國的情形為對照。依照一般商業發展的原則，大概商業市場愈發達，則生產與販賣的分工愈細密，市場價格及販賣方法愈一致，以此來測量中國的書業市場，顯然是落後的。如書的價格是極不統一的，委託販賣亦非自有販賣網不可，甚且明明有版權的書，都可以盜印翻版，而以一折八扣來打倒合法的出版物。我們時常不聽見大家說：『著作者自辦書店出版容易，推銷困難』嗎？就在這種原因下，中國書店能夠有『集中的』發展，而不能有『普遍的』發展，而日本的情形則恰相反。

書業也是一般商業之一種，也受到一般商業市場法則的支配，日本是資本主義發達的國家，其國內市場統一，反映於出版界的便是生產者與販賣者的分離，——以書業的術語來說便是出版與推銷的分工，不若中國這樣出版者必須自為推銷者，否則其

銷路即成問題（現雖有作者書社及若干書店代理發行但一則力量尙微二則據說代理者對於『本版書』及『外版書』仍有所歧視的）

就爲了出版與推銷的分離，所以日本的出版界得以普遍的發展，在實質上出版新書者全相等於中國所謂的『出版部』（書的工廠）而門市推銷者則是販賣商（書的商店）前述三省堂、九善等門市不過是在生產以外又闢一部販賣而已，在日本出版界中倒反是變質的，（在其販賣的部份本版書是佔很少成份）。所以在日本誰祇要有原稿有印刷費，即可成立出版部出版了以後推銷有別人來經營自己可以不管。所有出書者幾可說全祇是中國所稱爲出版部的東西所謂『書店』則多屬自己不製造生產的販賣店。

爲了瞭解『書商品』的流通機構，曾去訪問了幾個書業的從業者。因日本的讀者一般普及，所以和雜貨店一樣每一條街上，總是有一二家書店的，這種書店日本人稱之爲『小賣』店，意即是零售商。向這種零售商書店購書是絕對沒有『割引』的（除了帝大及早大附近的所謂『學生書店』，有『一割引』，即九折的優待爲例外）。他們書的來源不是向生產者（出版者）直接往來的（苟如此則出版者即和中國一樣，將不勝其煩了）而是向『批發商』（卸賣商）處賒來，批發商是以地域爲單位的『組合』（近似中國的同業協會），他們專門把出版者的新書批來分送到小賣店，他們給予小賣店的折扣是『九折』，而他們向出版者批來則是七五折，所有郵費等損耗，都是他們負擔，中國書業中所謂『回佣』『升水』等陋規，是根本沒有的，在表面上看來，批發商與零售商的『利潤』是相當薄的，但在資本主義發達的國家，除了獨佔企業外，有什麼能超出平均利潤的呢？

因日本國內的交通發達，所以書帳的結算也比較簡捷，普通不論出版者與批發商，或是批發商與零售商，所有往來帳目，都是一月結算一次，每月二十日截止，作爲結算期，次月六日必須付款，未付款項的帳目例須退書，須經特別聲明，始能例外。所以，日本書業的資金流通是很快的，像中國樣一年半載尙結不出帳來，在日本是沒有的。

三　三家出版部

在以前日本出版界號稱『進步』，曾風靡了許多中國學生，但這黃金時代是在大山郁夫運動時候，河上肇入了獄以來，這種氣息即日趨消沉，『九一八』事件以後，日本的思想統制也許超越了其經濟統制。因此有一大批中國留學生跑到日本，即覺得『和中國差不多』而感到失望了。

正和中國情形一樣，文化運動是和大書店無緣的，書店一發展，即與文化的推動愈無關（中國四馬路上的開明北新等是很好的例子）要想看較進步的書是不能求之於大書店的。在今日日本，如你是個進步的文學及社會科學的『學徒，』恐怕那『ナウカ社、』『叢文閣、』『白揚社』這三個出版部，即使在你心目中不是日本出版界百分之百，至少也是八九十吧？實在的，日本出版界過去光榮的往迹，僅能在這三個出版部中略見若干了。

ナウカ社，中國進步的留學生心目中的偶像，除了翻譯世界進步的文學社會科學的名著外，其特徵有二：一、專門販賣俄文書差不多是其專利，別家不能輸入的書，祇有該社是有法販賣的；二、其所出版的新書中被檢查而刪去的空白『××××』特別的少。就為了這二點，不能不說是該社的主持人神通廣大，因此對於該社有種種的傳說，有的說是其主持人是有『某』部支撐的，有的說是往來於某某兩方的。——這情形雖似與出版業無關，但實際上亦正是反映出出版業與政治不能分離的關係。

其次是白揚社，白揚社的新書也許比ナウカ社還多，但大家對於白揚社的書，購者多具戒心，即其恰與ナウカ社相反，其刪節的地方『××××』往往多到比文字還多，這樣自然與天書相差不多了。該社有許多好書，常使人徬徨於購與不購之間，不購呢，書委實太好了；購吧，就是日文教授也看不懂。

叢文閣也是這三個出版部中之一，據朋友說比前二者還有力，出書方面似比ナウカ社多些，比白揚社則未見超過，叢文閣的新書比白揚社略勝一籌的地方，是『××××』略少，比之ナウカ社來，則自然較多了。

一到日本，即受朋友來信的催促，要我調查日本書業界情形，以為借鏡，但我看了日本出版業的基礎，即覺得詳細調查沒有什麼需要了。但終因自己的興趣與特種便利，使我去訪問了叢文閣的內部，據他們說『日本所有此類出版部的情形，都和我們相似，而我們的規模還是較大的，』實際上也確如此，所以這次訪問也可算為抽樣調查。

叢文閣還是家庭作坊式的經營，在開始的時候，不過數百元資本，因為是獨資的關係，現在實投下去的資本共有若干，則已無從計算。據他們自己報告說是包括『信用』在內，資本約有七萬元，以中國書店情形來推算，則其除信用外，實際投資恐不會超過二萬元的。成本是無法計算的，因為書店的開支和主人的家庭開支是混在一起。但即使混在一起，主人家用及書店全部營業開支，亦僅及一百餘元，其簡省可知。

叢文閣開支的這樣簡省，自己不負販賣責任（無門市亦無各別零星批發）固是一個原因，但尚有別的原因在，即在出版方面，校對等手續並不要他們全部負責，而是由著者自己負責的，這樣，經常的開支自必又可省却不少。此外雜務多化成了主人的家務的一部份書店的用費和家庭的用費自必更分不出來。

每個出版部的形成大部都有其基本作家，叢文閣也是一樣。他們的主人固能負些編輯出版上的事務，而其基本作家又是其當然的義務編輯，所以甚至連我們所認為編輯出版部方面所必不可少的開支在他們也是可以相當節縮的。

一般人以為對於著作人日本的稿費比中國的為高，實則此僅限於幾個御用刊物及布爾喬的雜誌如日本評論、中央公論等所謂大雜誌（實則在中國情形何嘗不如此，中山文化教育館季刊有千字致酬到十餘元的）其他一般的刊物，都是清苦得很，普通每四百字一張的原稿紙，報酬一元，每千字不過二元餘，如日本有幾個著名的刊物如社會評論、經濟評論、歷史科學等，其稿費即不過如此。

書的成本與價格間的差異（關於印刷所，當另文辭之）我們從事書業的人是知道的，叢文閣及其同類的出版部既以七五折批發，實收貨款，不是利益很大嗎？是的，利益是相當大的，就因為此，所以數百元數千元開辦的出版部或書店得以擴大其再生產。不過在實際上呢？却亦不是如我們所想似的簡易：

第一，一個出版部能夠具備這種如叢文閣似的有利的條件，大部是由於思想上的共鳴，如不是為了思想上的關係，恐怕這種幾近『無償勞動』似的著作者羣的勞力即無法利用。這種以著作者作基礎的出版界或書店，其出品必然是『前進的』而前進的書籍尤其是相當專門些的，其銷路即不能很大如以雜誌為例，日本現在銷行最廣的是婦女公論、主婦之友、日出、奧の奥等無所謂的東西，號稱大雜誌的中央公論等尚次之，幾種前進的刊物如歷史科學、經濟評論、唯物論研究等銷數都很有限。在書方面也是一樣，即如紅極一時的山田盛太郎及平野義太郎等對於日本資本主義分析的名作，其銷路遠不如去年出版的野間清治的世間閒話及菊池寬關於『花嫁』、戀愛、養馬等的無聊著作。這樣，叢文閣及其同類的出版者內部無論具備怎樣有利的條件，自亦不能有特別大的利益了。

第二據叢文閣的負責人說：近年來他們年年虧本。這在起初很使我們不能置信。因為他們的開支是這樣的省，書多是抽『印稅』（即版稅，和中國一樣，亦為百分之十至二十）的，銷路又相當的不錯。如何會虧本呢？後來他們慢慢的告訴我們，這才使我們不得不相信了。

原來像叢文閣這一類的出版者，還有一種最大的厄運，便是和『警視廳』解不結緣的。日本文化統制進一步，這種出版者即多倒一次霉（如最近山田等被檢舉，社會評論等幾個有價值的刊物停刊）。究竟日本是資本主義的國家重法治(?)對於書報檢查也高明了許多。日本警視廳對於新出版物是事先不肯檢查的，一定要待印出了後，發現其中有『不穩』的字句，卽勒令不許發行，甚至沒收。然則究竟那些字句是『不穩』的呢？警視廳並沒有頒佈過一覽表，出版者亦無法『等因奉此』，所可爲力的，祇有暗中摸索，編輯先生認爲不穩的字句事先卽代以『×××』，但到出版後，仍被視爲不穩，還祇有任其沒收或不能出版。叢文閣負責人告訴我們說：『就在這種情形下，一本書往往有重印二三次，被沒收二三次，最後還是不能出版的，結果能出版的書所售盈餘，不抵此種虧損，是時常有的。』另聽人家說，這是日本警視廳促使前進的文化運動自殺的最得意的傑作。

自然，並不見所有出版者均遭這種命運，其間也有幸不幸的，卽以ナウカ社，白揚社，叢文閣三家來比較，卽可看出誰在政治上有辦法，誰卽可少受這種厄運。

四　舊書店

談日本的書業，而不注意日本的舊書店，其錯誤等於到四馬路考察中國書業而忽視商務印書館。東京每條街上總有一二家新書的零售店，似乎已很多，而舊書店則更多，至少也在三四倍，在神田區神保町等處，舊書店集中的區域尚不在內。日本新書是劃一不二價的，但是無論那種新書出版不到一週以後，『古本店』(舊書店)裏一定會就有了，一進古本店，身價卽大爲跌落，八折七折是很普通的，一折二折亦不很稀奇。

日本舊書店之普通的發達，不外兩個原因：

第一，因日本一般教育程度的提高，購書已成爲每個人日常生活之一部份，在個人經濟上有一部份預算，不像中國似的購書者限於少數人，甚至寫書的人都不常購書，萬一購書則必在必不可少的時候，購入了後，多半保存了起來，很少會再出賣的，會再出賣者，卽根本不大會購入書的。日本書的購買廣，對於個人和日常用具一樣，購入賣出非常頻繁，就因爲各個人對於書的賣買之頻繁，舊書店卽應運而產生，而增加，而普遍起來。

第二，日本舊書店兼有新書『小賣店』(零售商)的功能，因爲日本的出版者均不自營推銷，其書的銷售必須靠別人，舊書店的普遍發達，由於出版者不自營推銷，有很大關係，因爲他們卽利用出版者與讀者無直接的聯繫，搶奪小賣店的生意之一部份，而發展起來。不過他們和小賣店不同，他們的進貨完全是由讀者處購來，而非向批發商處批來，所有的貨都屬於他們自有，非如小賣商的貨，如售不出，仍可退回予批發商，批發商仍可退回予出版者的。在購書者方面言，則除了一個沒有折扣，一個有折扣以外，根本沒有什麼不同。

舊書店散在各地，幾乎和雜貨店一樣，各處多有，但也有集中的區域，大概學校所在地，舊書店必較多。以東京言，最著名的自然是神保町，那裏縱橫不下數百家，中國的留學生沒有一個不知道的，因東亞補習學校及前中華青年會都在該處，所以中國留學生居留的亦最多，這種舊書店至少有三分之一的生意，是做中國人的。其次如本鄉區帝國大學附近舊書店也很有名，大概比較高深的專書，在神田區購不到的，在那裏間或能購到。戶塚町早稻田大學附近舊書店也極多，惟所售者多僅該校所用的教課書講義之類，除該校學生外，注意者似不及前二處爲多。

各舊書店雖則是一家一家的獨立着，但他們是有密切的團結的，甚且還有聖提開式的組織。這從什麼地方可看出來呢？譬如某一本書，在神保町這家書店裏要賣一元，你到別家去也多半是一元，甚且走遍附近各書店，有這本書的很少賣九角的。舊書本來沒有一定市價，而他們却自然形成一種價格標準，這如沒有組織，是不可能的。再如你到某一家去，問他有沒有那末一本書，要是這本書比較有名而少見的（大部份是進口西書名著），他時常會告訴你這書在東京一共有幾本，一本在什麼地方，什麼地方幾時會售出一本等，這種情形是很足使我們驚異的。所以，雖說舊書便宜，實則亦須看書的性質如何，如好銷的書却也便宜不了許多。據買舊書有經驗的人說，舊書以鄉下舊書店爲最便宜，因他們與東京舊書店的中心沒有聯絡，不知道市價，往往可以賣到很便宜的書。

日本各地『夜市』是很有名的，舊書亦有夜市，如三省堂面前滿街的舊書夜市，也是很著名的。所謂夜市，即在華燈初上，各商店休息了的時候，在街上擺攤賣買，其價格較舊書店尤廉。這現象表示舊書店搶食一些新書店的殘餘，而書攤又搶食一些舊書店的唾餘而已。

苏 联

蘇俄之出版界

自法蘭西大革命人權宣言頒佈以來，言論自由，出版自由，思想自由已成爲各國憲法明文定之公民權利，而十九世紀之各國內政史，亦莫不以此爲政黨爭執之焦點。於是民主潮流，澎湃一時。戰前言論，出版及思想諸自由猶受束縛之國家，僅寥寥而已。以自戰後，因少數國家內產生革命，變更政體制立新憲，久巳泯滅之出版，思想自由諸問題遂油然而生。此不可謂非民主政治之一大障礙，人憲法之一部，該宣言有足令人駭異者，就是既云人權宣言，對於公民的自由，及其權利却未提及一字，反之對於國家權利的增加，詳述無遺。故吾人與其謂該宣言爲人權宣言。毋甯謂爲『國權』宣言之爲愈也。

一九一八年七月十日頒佈的憲法第十四項對於出版方面。有這樣規定：『爲確保勞働者的意志得自由發表計，蘇俄聯邦共和國取締倚賴資本爲生之現存出版界，將其一切用來刊印書籍，報章及其他印刷品之器具給與貧苦農民與工人階級……』由此，吾人可知俄國的出版界由此時起權宣言之一反動思潮也。

現今全球各國之出版制度，可分爲兩種：一爲出版自由之國家。一爲出版獨占之國家，換言之，卽言論及思想均爲國家獨占之國家，此卽今日臭味不同之赤俄與法西斯蒂意大利是也。

一九一八年九月十六日蘇俄頒佈一『勞動者及被剝削者的人權宣言』，此宣言爲列甯所草，後來成爲蘇俄聯邦事的檢閱。一九一七年十一月革命政府頒布法令宣稱一切報誌的廣告由國家獨占。次年春一般倖免被沒收的報館因當局壓迫備至亦已無法按時出版。復次，一九一八年八月八日赤俄政府又頒令凡非屬官場之報紙概須予以取締。幷於一九一九年特組織一『國家出版局』專理一切印刷品。於是言論，出版，思想均歸統一，而狄克推多制的原則便從此盡量實施了。

一九念一年蘇俄改施新經濟政策，於是不僅赤俄的政治組織稍有變更，就是出版界待遇也與前不同。就由此時便爲國家所獨占，原因蘇維埃政府所代表者爲農工階級也。

可是蘇俄政府獨佔出版界，不待憲法頒佈，早經雷厲風行。一九一七年十月人民委員會布告組立，卽制定關於出版界的臨時懲辦法規，同年十二月且特組織革命裁判所以審訊有關於出版物的案件。新聞記者，著作家及報館爲此裁判所之犧牲品者實不知凡幾。

一九一八年三月革命裁判所廢止，於是關於出版界的案件全由『平常革命裁判所管理。同時又另組立政治與軍與文藝總監督局』以嚴密監督新聞報章及預先審查一切著作。該局現爲赤俄監督及檢閱出版界的最高機關，各委員會及『赤卡』(卽政治警察)均有代表參與其間，所以該局發號施令全由『赤卡』所支配。現該局的職權不僅限於著作，報章，像片，及圖書……等的審査且有權實施關於政治，軍事及思想諸方面的檢閱。就此以觀，吾人可知該局工作忙繁複雜，總攬言論，思想及出版諸界。自毋怪乎，僅在莫斯科一處，該局人員達百人有餘也(一九念五年)。

一九念二年該局曾發出一道訓令，確定其檢閱之目的起總制立法律，以規定出版界的生存條件。

在新制度下，假如一切政治日報或新聞日報概由政府或共產黨獨占出版，私人辦理的書局依照一九念一年十二月十二日人民委員會所頒的法令，却還有出版書籍之可能，不過還須經通『國家出版局』的詳細審查，就是私人想開辦一個書局也須得該局的預先核准。至於學校教科書本來也是由國家獨占發行，到一九念三年三月二日的法令頒佈，該獨占權幾稍爲減輕而改由『優先權』代補之。

一九念二年六月人民委員會組立一種機關名爲『出版赤俄政府檢查出版物，嚴厲無比，甚至售賣或展覽列甯的照片也預先須得特別委員會的審驗，蓋恐此照片非列甯之肖像也。

關於開辦印刷所方面，赤俄政府曾頒佈法令以實施嚴密之監督，如某人要創立一印刷所，最先須得有『出版與文藝總監督局』的特許，這種特許既不能讓給第三者，復不能由其子孫承襲。此外，印刷機及打字機之售購，『赤卡』亦實施愼密之檢查以滅絕反共的宣傳。

一切印刷所在未將著作付梓之先，須將該著作的原稿一九念二年該局曾發出一道訓令，確定其檢閱之目的：這就是草定應禁止出版的書籍目錄，取締『反動思想』，及删除危害當局及共產黨的論文，事實及統計……等。厥後一九念六年八月念三日共產黨中央委員會議決一切有關於思想的問題應集中於該黨中央委員會的出版部，於是蘇俄的言論。思想界上實際上完全爲共產黨所把持。

現在在蘇俄全國不受檢閱的出版物，祇有第三國際，共產黨，「國家出版局」，政治教育委員會及科學院的出版物，但是關於科學院的印刷品却另有特別法律以資保障。至於學校教科書還須得教育委員會的特准。

一切印刷所在未將著作付梓之先，須將該著作的原稿交付『行政組』的審查：『行政組』如說此著作毫無反動之嫌，便簽字於每張書頁之上，印刷所對此著作，此後便無權加以增删，否則『赤卡』得予以嚴重之懲罰，不僅著作方面所受的束縛如此。就是印張名片也須遵循一定之樣式。此外，書籍之售賣也須得當局的特許。如非法定團體，個人無權在鄉鎮售賣書報。

尤須注意者，就是蘇俄的一切新聞記者已成官吏化，他們得享國家官吏的同樣權利與保護，以一新聞記者同化於國家官吏，是亦赤俄獨占出版界之特徵矣。（完）

蘇維埃聯邦的出版界

百里

一　蘇維埃的報紙

在蘇維埃聯邦的文化運動中，最重要的部分，而且最有成績的，就是出版運動。

報紙，雜誌及其他的一般定期刊物，像單行本，全集叢書，小册子等出版物。其質量之猛進，銷路的激增，實足驚人。惟其印刷用紙，多由國外輸入，加以從前不注重印刷用紙的製造；所以時時都感到用紙的不足。

據一九三〇年六月蘇維埃聯邦××黨第十六次大會的報告略謂：「社會主義建設事業中，爲大衆武器的出版物，在一九三〇年度，不但應該增加其種類與其份數，並且還要改良其內容」。同時還決議以後改良出版物的性質，應採用社會主義急速完成的政策。至於同年度出版界主要的傾向，蘇維埃政府也很坦白說出來，如蘇維埃建設事業的缺點，及全聯邦××黨左右兩派對於遷就主義者的鬥爭，與關於工業，農業經濟問題在出版界的傾向等等，也都把他毫無忌諱地說出來。

◇　◇　◇

報紙是出版物的中心，自不待言，社會主義建設的發展，勞動階級的文化，政治的進步，和出版界的改良。全視報紙的數目能否增加而定。蘇維埃當局最注重的，也就是報紙，他的報紙逐年增加的數目，的確是可觀的，在一九二五年十月一日，本來有七百零六萬二千份的，到了一九二七年八月一日，就增至七百六十八萬四千份，到一九二九年六月一日，又增加至一千二百六十三萬五千份，到一九三二年一月一日，竟增至三千五百萬份。

時期	份數
一九二五年十月一日	七、〇六二、〇〇〇份
一九二七年八月一日	七、六八四、〇〇〇份
一九二九年六月一日	一二、六三五、〇〇〇份
一九二九年十月一日	一五、〇〇〇、〇〇〇份
一九三〇年六月一日	二四、五〇〇、〇〇〇份
一九三二年一月一日	三五、〇〇〇、〇〇〇份

觀右表逐年所增加之數目，就可知僅僅在八年間，增加了五倍，尤其在實行五年計劃後的一九二九年以來，其增加的速度，更比尋常爲快，而且其種類，也特別加多起來了，報紙的種類，據本年一月一日統計，是已經達到五千六百種，與一九一三年（卽革命前）的報紙種類，祇有八百五十九種，比較起來，算

是增加了六倍半。

茲擇其重要的報紙之名稱及發行的份數製表如左：（這統計是截至一九三〇年六月止，六月以後的增加率，現在還不知道。）

新聞紙名稱	一九二八年	一九二九年	一九三〇・六月
眞理	六二八,〇〇〇	六六一,〇〇〇	一,五〇〇,〇〇〇
前進	四六八,〇〇〇	四四一,〇〇〇	一,〇〇〇,〇〇〇
工業化	三一,〇〇〇	六五,〇〇〇	一五〇,〇〇〇
社會主義的農業	—	三一,〇〇〇	六五,〇〇〇
勞動	八三,〇〇〇	一〇五,〇〇〇	一六七,〇〇〇
勞動報	三六,〇〇〇	四五,〇〇〇	四一七,〇〇〇
紅星	四〇,〇〇〇	七〇,〇〇〇	一〇五,〇〇〇
青年共產黨眞理	一六七,〇〇〇	二五〇,〇〇〇	三四五,〇〇〇
農民報	—	—	一七,〇〇〇

在蘇俄境內不但俄文報紙，有長足進步，卽各民族語的報紙，份數的增加，也非常可觀。據××黨第十五次大會報告，用各種民族語發行之報紙，有二百另一種，其中有四十九種，到了第十六次大會報告的時候，增加到三百四十九種，語別種數也增加五十八種之多。

最近一年內，發生的新現象，就是又產生出程度稍低的「工廠報紙」，在一九三〇年四月間蘇俄全國所發行的下級工廠報紙，總數有八百二十五種，其中民族語佔二百三十五種。工廠報紙發行的數目，在一百六十萬份中，大企業本身所發行的報紙，比較地方所發行的報紙平均爲多。

因爲報紙的份數，激增不已，紙料供不應求，現在蘇俄新聞界最大的阻礙，就是缺乏紙張。茲將一九三〇年蘇俄用紙實際的供需，開列如左：

發行所需要（單位千噸）	實際生產（單位千噸）	供給百分率	缺乏百分率
一八〇	一三七	七六、一一	二三、八九

在普通報紙之外，還有「壁報」，目下俄國一切的機關，企業場所，俱樂部，農業小規模之圖書館，紅軍軍隊內等，大概都有這「壁報」的蹤跡，其發達之迅速，亦不亞於報紙，在一九二七年度，紙有四萬種，到一九二八年底，增加到八萬種，一九三〇年，竟達二十萬種之多。

二　書籍及雜誌

蘇俄自五年計劃實行以後，因爲國內工業化與農業化集團化，社會主義建設問題的解決，和文化事業的發展的結果，書籍及雜誌，亦因之增加其需要。書籍發行量數之增加率，在各民族共和國及各州，亦極發達。茲將用紙的增加數目列左：

（1）白俄羅斯

一九二八—一九二九年度　四百三十萬令

一九二九—一九三〇年度　一百萬令

（2）後高加索共和國

一九二七—一九二八年度　七百一十萬令

一九二八—一九二九年度　八百五十萬令

一九二九—一九三〇年度　一百一十萬令

至於聯邦各民族，中央出版部的出版物所用令數，在一九二八年度用三萬四千令，至十五萬令之多。在烏克蘭共和國內，關於技術專門書籍，一九二九至三〇年度比較一九二八至二九年度，增加了六倍。

國立出版部，所發行之刊物平均冊數，在一九二八年度。發行二萬八千冊者，到一九二九年度，就增至四萬八千五百冊。在一九二九年底，馬克思的「資本論」，印刷二萬册，二個月之內，一氣賣光。以後又增印十萬册，聽說大概也在短時間內售完。史丹林著的「列甯主義的各種問題」一書，印刷五十萬部，不久也完全賣光。還有關於技術專書以及民衆讀物，銷路也特別可觀。例如一九三〇年三月出版的阿戚斯其的「福克孫・拖車」（第四版四萬部），及「國際拖車」（第二版六萬六千部）的兩書，不過在一個月內，也全部售完。還有如史丹林的有名論文，是一本小册子的「由成功的眩暈」一書，計售出一千二百萬部。如實給大衆讀的政治叢書的「一式叢書」，計有售掉百五十萬部至三百萬部之多。

在最近一年半至二年之內，蘇俄所出版的雜誌，種類大約都是趨向技術與農業方面的及政治方面的，在一九三〇年的技術雜誌，比一九二九年增加了二倍，大概總在三億三百萬張，（這張數是照原張紙計算）政治雜誌是占着雜誌中的首位，張數也有二億七千七百萬張，雜誌的生產，爲什麼比較報紙及書籍減少呢？最大的原因就是紙張的缺乏。不過出版事業，在五年計劃中，對於書籍及雜誌無不力求增加其數量。至於一九二九至三〇年度的雜誌及書籍的生產數量，照五年計劃的理想，欲達到三十二億張（印刷用的原張紙）的消費，若能照此五年計劃實現，那麼紙張的供需率，當不數百分之六十。

其實，現在俄羅斯共和國及烏克蘭共和國，需要紙張已超過五年計劃的數字。最小限度的需要，非八十二億張不辦。

蘇俄出版界不但紙張不夠用，現在中央各出版所，就是印刷機器也缺乏異常，在××黨第十六次大會以前，印刷機器的數目，大約如左：

機別＼年份／逐年增加數量	一九一二年	一九二七年	一九二八年十月一日	一九三〇年一月一日	一九二七年
自動排字機	五六〇	四九三	五五一	六三〇	八、三〇〇
平床印刷機	五、三四〇	三、五五二	—	三、二〇〇	二三、九一三
圓筒印刷機	一八二	—	一五四	一八〇	二、一八七
合計	六、〇八二	四、〇四五	七〇五	四、〇一〇	二四、三九九

蘇俄國內有個最大的缺點，就是從來沒有製造印刷機器的工場，所有的印刷機都是由外國輸入的，最近對於紙張的生產量已有增加，外紙輸入已逐漸減少了。在一九三〇年紙量未增加產量的時候，報館時常鬧紙慌，自產自給的供需率，還是不足百分之七十一強。

蘇俄之出版業近況

何聲淸

書籍不斷的運到勞働者及勤勞農民的最廣泛的大衆中去，這是文化戰線前進的最顯明的表示。這些書籍不是資本家皇宮裏的豪華的珍貴的出版書籍，也不是提供人民的卑汚的小說。總之絕不是在資本家手中所出版的，主要的乃是集中于國立出版所的書物，給與爲社會主義鬥爭的無產階級的勝利的軍需書籍。

蘇維埃聯邦出版的刊物，以極快的速度，追及而且超過了顚覆的舊俄羅斯的書籍。在市民戰爭的數年間，蘇維埃聯邦的出版，爲一九一三年度的一萬萬一千九百萬部的三分之一。姑不論破壞了的經濟，向上與否？但書籍爲出版，確有增進。一九二二年開始劇激的增加，一九二四年較之一九一三年，超出百分之一一〇，一九二六，二七年度的蘇維埃聯邦的出版，與一九一三年度的相較，已達二萬萬五千三百萬部。

德意志在數年前的出版，占世界第一位。可是蘇維埃聯邦的書籍，較之德意志共和國出版的任意摧毀的現存的革命文學與被檢查乃至禁止的無產階級的作品，及被追逐的八克羅斯訓靑年的文學革命的書籍，早已凌駕其上。現在世界書籍的市場中，已讓無產階級的國家立于第一位矣。

書籍標題之數「以千爲單位」

蘇聯	德意志	日本	英國	法國	美國	意大利
三二六	三二	一九九	一三八	一一九	一〇三	六九

惜乎中國的書籍還不及意大利之多，其文化的落後，很可想見了。

蘇聯書籍的前進及勝利，以其說量的增加勿甯說質的刷新。場主與地主的舊俄羅斯的宗教書，在全書籍中占百分之十三，工學醫學及類似的書籍占百之十四，社會經濟的及社會問題的書物，僅占百分之五而已。

若干的數目，已充分指示了「思想家與詩人」的德意志的書籍的末路。一九〇八年的資產階級爲教育，與教授的問題，還出版三四九二種的書籍，一九二七年在教育與教授及青年運動的出版刊物，已降至一一五零種，一九〇八年，德意志的地理與地圖的出版，還有一六三二種的發行，至一九二七年僅出八零七種。然而神學的出版物，自一九〇八年的二一八一種到一九二七年，增至二五六六種。

蘇維埃聯邦自國立出版所成立以來，十年間計出版書籍已有五萬萬册。社會經濟的及社會問題的書籍，占出版總數百分之四十乃至五十，工學的與醫學的占百分之二十一，教科書占百分之四十。由此可見大衆的社會及政治書籍的普及情況了。國立出版所爲滿足極廣汎大衆的知識的渴望，對于出版事業，每年都儘量的增加。例如大衆政治的基本知識的書籍的激增，由左列數字，便可以證明；

一九二七年　　四十九萬部
一九二八年　　九十一萬五千部
一九二九年　　一百二十萬部

一九二七年爲半文盲者出版的書籍，有三百五十萬部，一年後增至九百萬部。

國立出版所，以數十部的大量，來出版列甯的原本及其著作類。以那樣偉大的思想與指導，來武裝大衆。第三次出版的列甯集——二十七卷——已發行十五萬部。但是仍不能滿足社會主義建設的羣衆的渴望，又再版十萬部。爲使讀者之網的擴大，列甯選集第六卷已出版十五萬部。可是青年共產主義者，因出版過少的影響，已要求再版百萬部了。列甯作品其銷售之廣，實超過出版所，大胆的預算。如「社會主義競爭應如何組織？」這本小册子，初版發行三百十萬部，其數不爲不多，然而仍不能供應大衆的需要，因又再版發行五百萬部。總計列甯全著作，自十月革命後，到一九二八年止所發行的書籍，約五千萬部。這些書籍的目的，在使數百萬勤勞大衆的勇氣與精神，及明確認識馬克斯主義。一九二九年，國立出版所，與列甯研究所協力互助，發行新列甯主義全集一千萬部，給與在社會主義建設途中的工程技師等。

斯達林的各種論文集，以小册子形式的裝訂，已發行一千八百萬部。其中一部分，在新聞紙上，已揭載過。

馬克斯的資本論，近年已發行四十萬部乃至五十萬部。

蘇維埃聯邦爲使書籍容易普及到廣汎的讀者大衆間，特將書的定價減低。一九二九年與一九二七年的書價相較，已減少百分之二十二。

在這個領域內，五年計畫，已握有社會主義建設的計畫重心，一九二七，二八年出版了十三萬萬一千一百萬的多耳此格普恩印刷紙，一九三二，三三年，增至二十六萬萬二千萬。其中教科書有二倍之多，其他專門的及爲各種類的勞働者，農民，赤軍軍人大衆的書籍，增加三倍。

一九二七，二八年度，多耳此格普恩紙的價格是十「可便」，一九三二，三三年度減至六，四「可便」。

僅書價低廉，終不能將很多的書籍，充分的輸送到勞働大衆間，所以還應實行盛大的讀書運動的成立種種組織——勞働工會，工場會議，協同工會，農村中的讀書室，圖書館——的各地的書籍發行處，才是列甯主義的大衆教育的開拓者。在五年間，協同工會，必須抽出售書費的百分之五十，作大衆的流通費用。

蘇維埃聯邦的圖書館事業，正在蓬勃發展，圖書館不僅是供給大衆自由讀書的源泉，並且在讀者物質與精神的指示上，也是能給與適宜的一定方向的場所。館內可作讀書會，圖書的批判，在朗讀的時間，婦女小孩均可參加，因在圖書館內可舉行國內的聚會。

圖書館的數目，自一九二七，二八年的二二八九二所，至一九三二，三三年，已達三四三三八所。另有四〇〇〇〇所的移動圖書館。

二三區域，實行讀者調查的結果，決定多數的讀者爲十二歲至二十五歲。依教育程度而分別讀者，受小學教育者，占讀者大衆的第一位，分配讀者大衆中的人數，都市占百分之五五，農村占百分之七六，八〇受中等教育者占第二位。僅就這事，已指示了廣汎的勤勞大衆，是如何不斷的覺醒，而追求他們的新生命活！是如何從書籍的源泉，吸吮他們所要的知識！

據社會主義建設者所提出的課題，進行中的圖書館事業，還不能充分的滿意。一九二九年，蘇維埃聯邦共產黨中央委員，十月三十日的議決中，確認「圖書館事業與文化的水準及社會建設的各課題的步調，尚不能完全一致」所以在這個領域內，要能引起勞働者或貧農與中農大衆到圖書館中作業的興趣，必須以社會主義從事及圖書館進軍的方法始有滿意與進展的可能。尚未爲圖書館之網所包圍的一切公署與各組織的圖書館爲獲得集團經營的勞働者，農民中農大衆首先要使他們自由使用公衆的書籍。

玆引二三例加以說明，以釋讀者的懷疑，在基福地方已造成可供七千五百餘人中央兒童圖書館。其中的館員，就是教育學者的指導，年幼的讀者，使他們的精神與學識，能非常的充實。二年前這圖書館中有汽車夫的兒童，在一張畫上初寫「畫有一隻鳥」繼寫「讀書有興趣」後寫「讀書全不寂寞」，現在這張畫已成爲「自然科學的年幼人們活動圖畫」。

幼年發明家，卽是在研究所內的特別團體中，由專門家指導而成的幼年技術家，與年幼讀者親近交往作科學技術上的切磋。在俄羅斯社會主義聯邦蘇維埃共和國內，少年先鋒隊的俱樂部，或學校中幼年技術家，已達四十二萬人。一九二八年度僅莫斯科中央兒童技術研究所，受幼年發明家之質問或解答的書信約在萬件以上。在烏拉耳技術研究所，平均每日可收五十封信，並切在組織一千六百的活動的幼年技術家中，少女有百分之一二。

一九二九年度，舉行一一〇以上的年幼技術家的展覽會。在全國中心播音機宣傳七百件的發明，爲保護穀物而鼓勵做案山子草人形或假手槍類的懸賞競，在一九二八年四月已準備有價値的三百五十四種設計。爲與擴大幼年技術家指導的範圍，技術研究所設立少年們的函授學校。在莫斯科設立的兒童函授大學，第一年級建築設技術科就獲有二萬五千人之多了。

蘇俄的出版界

近年俄國出版事業所以發達之故，即在能教民衆讀書，在民衆之間創造出一種普遍的讀書慾。

畢樹棠

近有維廉氏（Albert Rhys Williams）新著一書曰蘇維埃雜記（"The Soviets"），將於本年五月在 Harcourt & Brace 書店出版。美國出版界週刊先擇其關於文藝書報一部分，摘爲一文，披露於該刊，其中有數事頗堪注意，茲略記之。

近年俄國出版事業之發達，已爲舉世所驚服，而其所以發達之故，即在能教民衆讀書，在民衆之間，創造出一種普遍的讀書慾。計自革命以來，以一百零六種語言出版的書籍共有六千兆部之多，其中有一千二百萬部是托爾斯泰的著作，三千二百萬部是高爾基的著作。在普式金逝世百年紀念時，他的詩歌小說及童話印行了有八百十五萬部之多，觀此可知蘇俄的文藝讀者之衆！至於每年關於詩歌戲本小說的印行，平均約有二千五百萬部。其中流行普遍之佳作，多有已譯爲英文者，同時蘇俄讀者亦頗喜讀域外文學新著，如美國之辛克萊、德來塞、安特生、杜司·帕索斯、海敏威、劉易士，英國之威爾斯、赫胥黎，德國的湯木士·曼，法國的巴比塞、紀德，等人的著作譯本往往流行到五萬部以上。要之，統計俄國整個出版界，自小冊子到百科全書，每年有五萬以上新著出現，爲世界各國之冠。只就列甯和史丹林的著作平均每年總印行到千萬部以上。惟所用的紙張則很壞，且大牢不講裝訂，只是粗釘成冊而已。至如重印的古典名著多由研究機關主持裝釘版畫圖色都很講究，是爲例外。

蘇俄現有雜誌一千八百種，有一部分是專一文藝的，其中有兩種最出色的，一曰紅色新地，一曰新世界，比較英美的文藝刊物分量重大得多，有『厚本』雜誌之稱。至如批評家的文字多見於文藝測量，短篇小說與幽默譏諷之作多見於鱷魚，設計者，徽火，紅色穀田等雜誌中。長篇小說多先按期發表於雜誌中，然後印成單行本。

現在蘇俄的書局有幾十個中心。有一個國家印書局，規模最大，而國家出版的政策却是趨於地方分化，並不將書業集中於一處，所以如敎育部，軍隊，勞工協會，產業合作，作家聯合會等集團之下，都有獨營的書店。在每一部書的封皮裏面必有三項明註：（一）爲本版所印的部數，（二）爲書本的大小，以每四萬個字母爲單位計算作家的版稅，卽以此爲根據，（三）爲『政治的編輯』，也可以說是檢查者的許可號數。檢查的目的無非是取締反革命，淫穢，無聊，或引起種族的惡感等。有時很嚴厲，簡直死門兒，有時則很隨便，如勞倫斯的伽太藍夫的情人（"Lady Chatterly's Lover"）與喬艾司（James Joyce）的作品之類，倒印行無阻。要之，如何判定，全看他怎麼樣解釋，並無死律，無論如何，有對蘇維埃思想生敵意的，總是不得通過的。除此點以外，就和旁的國家的書店編輯一樣，看他個人的主觀和趣味如何，有的被這一個檢查者從容放過，却被另一個草率地拒絕。在這種情形之下，作者可以提出駁辯，或者把稿子收回，找一家的檢查者較鬆些的去出版。

蘇俄圖書館的設立之普遍，也很可驚。據云，專門科學與技術的圖書館有一萬三千處，兒童圖書館有三千處，普通讀者圖書館有四萬三千處，巡行圖書館有兩萬處，農田間則用車子，冰野間則用橇子，草原上則用駱駝，無處不至。工廠之附近當然有圖書館，並有盲人圖書館，書上的印字是凸形的，有聲人圖書館，文字與歌曲的傳播是收音的。至如最大的圖書館，有莫斯科的列甯紀念圖書館和列甯格勒的撒狄科夫・色得林圖書館（Saltikov-Shchedrin），各藏書六百萬卷，工作者六百人，在世界幾個大圖書館中佔重要地位。其餘如烏克蘭和阿美尼亞二地的圖書館，藏書也都到百萬卷以上，亦非等閒可比。列甯之言曰：『埃及人建築過偉大的石頭金字塔，以紀念帝王之遺骸。而我們，我們的革命要建築活的金字塔，是人類的思想與熱望之寶藏。』即指圖書館而言也。當時列甯委任他的秘書彭什・布魯維支（Bonch-Bruevich）從內戰的塗炭之中保存所有的珍本書籍名貴函扎手稿等，曾以此言相囑，現在偉然保存於新立的莫斯科文獻館中，已有百萬卷之數矣！

其次，蘇俄的兒童讀物也很發達，中心在兒童出版所。最爲人愛重的作家是楚科夫斯奇（Chukovsky）和馬沙克（Marshak），作品銷行到五十萬版。英文名著自魯濱孫飄流記到黑美等皆有譯本。近來關於皇帝，皇后，妖怪，神仙等類的神話故事已實行禁止，因爲這些材料容易把兒童引入虛幻的夢境，依賴運命信任冥力，於兒童是有害的。反之，要教育兒童有自求自賴之力，不要甚麽一個蛙忽然變成一個公主一類的故事，而易之以一塊麻田怎樣變爲衣服的故事，而寫得卻有同樣的妙趣。例如石油本是『地球的黑血』，怎樣達到工業的脈管裏，就可以生出光力和生命。依此類推，凡日常生活的實際事物，都可由文藝之筆，製成兒童的知識營養。

關於蘇俄一般文學新書的情形，近來國內雜誌多有詳細的紀錄，茲不多贅。惟最近美國有一位經營書店的道孫先生（Gleb Dawnson）遊歷蘇俄，也有一篇對於出版界的報告文字，頗可供吾人參考，約述如次：

蘇聯至今還是缺乏紙，在出版工業上是個嚴重的問題。教育的普及使讀衆大見增加。出版書籍所用的語言有一百種以上之多，因蘇聯幅員廣大，不同語言的地帶甚多也。自革命以來，十八年間出版的書，較之帝俄最後十八年間多過四倍。分別觀之，社會經濟書佔百分之四十七，工業交通書佔百分之十三，農業書佔百分之三，軍事書百分之三，醫學書百分之十一，文學美術書百分之十三。革命以前，每本書平均印三千五百册，現在平均一萬一千五百册。報紙有一萬餘種。蘇聯出版業之目的是在盡義務，使大衆用賤價得書，而不是爲自私謀利，所以有的賺錢，有的賠本。但是，一家賠了，便由別家的盈餘塡補，因爲出版是國家事業，是一體而自助的。書籍銷售的分配也有組織，每家有很多分店，各地書店的書籍是由一個總批發處運來的。至如折扣寄費和滯銷等都是很小的問題，因爲出版家和書店是合作的，出書是計在供給全國人民之需要，本業彼此間的得失，無何關係也。

試看蘇聯出版界這樣的精神，恐怕是現在各國所不及的。工業發達和國民經濟力較足的國家還不大在乎文化衰落而民生困窮，如今日之中國，確有效法這種新精神的必要，而且刻不容緩。上海是今日出版界的中心，而書籍的定價和一般購買力相比，量是差着頗遠的距離的，都沒有義務心和合作的計劃。這一點必須覺悟。（文化生活社的書定價頗公道，是一例外。）不必像蘇俄由政府來統制，（德國也有統制）那也非久治之道，自己聯合起來作大衆的服務，這是義不容辭的呵！

蘇聯之出版事業

費多謝耶夫

多年以前，遠在一九〇五年，列寧關於未來的蘇聯文學曾寫過：「蘇聯文學將爲自由的文學，因其既非自私，亦非自利，而係社會主義之理想，與對勞動者之同情，故將有新的力量，參加其行列。蘇聯文學將爲自由的文學，因其非爲腦滿腸肥的英雄，非爲因富裕而愁鬱，而痛苦之「若干上層人士」服務；乃爲千百萬，成爲國家的花朵，國家的力量，國家的前途之勞動民衆而服務的。」（列寧全集第八卷第三九〇頁）

蘇聯國內之文學，正復如是，文學及刊物，以各種之表現，成爲蘇聯工農及知識份子之最親最近者。

帝俄時代，阻礙億萬民衆獲得知識，光明，及眞理。正式統計的記載，可以完全證明此種事實。一九〇一年之俄羅斯，以俄文刊印之書籍，關於農業者，大小只三百三十八種。而內容神秘之書籍，則得一千二百二十二種。此種勉可稱爲文學之作品，乃以迷醉人民之意識，使之離却環境現實爲宗旨者，其印行部數，較諸農學刊物，多達二十倍！

十月革命以後，共產黨及蘇聯政府，即以出版業服務人民爲職志，出版業成爲教化的工具，成爲人民文化和政治訓練的强力工具。蘇聯報紙及雜誌的發行人，全爲國家的，及勞動者之公共機關，依蘇聯憲法，各種實行出版自由必需之資材，如：印刷所，紙張，公共房舍等均交各出版機關使用，報紙之發行人，爲勞工蘇維埃，黨的機關，職業聯合會，體育運動機關，作家協會等等。

蘇聯政府成立以後，報紙的總額，與革命前的俄羅斯報紙數相較，增加甚多。且報紙成爲廣大的勞動人民意見之眞正的表示者，故其性質和內容，亦有根本的變更。一九一五年在俄羅斯發行的報紙，爲八百五十九種。在蘇聯的發行數則爲七千一百六十九種，銷數三千一百萬份。報紙在蘇聯的發行，是無遠弗屆的；諸如北極圈外的塔衣梅爾民族區，在衣卡爾略地方，在巴達赫山區的村落裏，均有報紙刊行。

在第一個斯大林五年計劃裏，曾經爲地區的報紙，奠定了發達的基礎。在一九二九年已經有了三百餘十種地區報紙，差不多遍佈在蘇聯各地，各加盟共和國內，用本國文字出版的報數，也是年復一年的在增加着。如一九二三年在烏克蘭只有一個烏克蘭文的報紙，而現在在烏克蘭共和國裏，已經有八百個以上的烏克蘭文報紙了。

在蘇聯報紙所用的文字，有八十種；其中有二十種是屬於以前沒有文字的蘇聯民族的（阿巴金文，塔巴蘇蘭文，碩爾文，列茲金文等）。在各民族區內，用民族自己的文字來印行報紙。如在外喀爾巴阡烏克蘭即以馬札爾和羅馬尼亞文印行，在圖文州即以圖文語印行。

戰時在前線上，報紙曾有很大勢力，前線報，軍報，師報等，均鼓舞戰士建立功績。在暫時被敵人佔領的地區裏，刊有游擊隊的地下報紙，拆穿法西斯的醜惡謊話，解說戰場實況。

基層鉅額報，在蘇聯也具有大的勢力。這種報是在工廠，集體農場，學校，學術機關，和蘇軍部隊裏發行的。這種報在戰前有四千五百種以上。除去鉛印的報紙以外，有成萬的企業，集體農場，和機關，都發行有自已的號報。列寧曾經指示過：「要多給工人予我們的報紙寫稿的可能，堅決的寫出所有的，大量的寫出自已日常生活，興趣，工作……」這就是實行列寧的指示。

蘇聯政府時代，關於文學及各種知識之科學的書籍，有前所未睹之大規模的發行。蘇聯書籍之寶庫，每年均有數萬之新出版物爲之補充。計自蘇聯政府成立以後，曾發行各種書籍八十七萬三千部，印行總數爲一百一十萬萬本。民族間之出版物亦達得未曾有之鉅額，蘇聯之書籍，以一百一十九種文字出版，而革命前之俄羅斯僅有四十九種文字。因印書事業之急劇擴大，事實上不得不擴充圖書館數額。現在之各種圖書館，爲二十五萬所，藏書總額約五萬萬部。

大戰期內，書籍報章之發行並未停止，戰後之發行數額，則已超過戰前一年出版之數。

蘇聯之若干民族，均能以其自已文字閱讀馬列主義之作品，文學作品，現代蘇聯作家之作品，及科學技術書籍。蘇聯有四十多個民族，於十月革命以後，始有文字。以阿巴金文，阿德益文，別魯志文，衛普文，喀拉立文，庫爾得文，圖文文，渥渥衣文，楚關特文，愛斯其莫文等等出版之書籍，均係創舉。

馬克思，恩格斯，列寧，斯大林諸人作品在蘇聯出版極夥。

斯大林著之『聯共黨史』一書，印行數額爲三千三百五十二萬八千七百本。

黷爾乃舍夫斯基，伯林斯基，赫爾岑，多布羅留勃夫等等著名俄國哲學家之作品，印行亦頗廣，計達四千零四十五萬本之多。普列哈諾夫之作品，發行三百九十四萬九千本。

蘇聯政府成立以還，哲學及自然科學書籍推廣甚多，諸如帝俄時代幾乎未經刊印之亞里士多德，培根，福祿泰爾，黑格爾，德謨頡利圖，狄德羅，斯賓諾莎諸家書籍亦印行不少。

科學書籍在蘇聯印行最多，即關於自然科學及數學兩種，在三十年內，印行之數，為一萬七千四百五十萬部。

革命前之俄羅斯，關於物理研究之雜誌．只有一種，共訂閱人不足二百。現在則有大型物理雜誌五種，發行數額甚多。普通閱覽之科學書籍如「自然科學小書庫」，「自然界與人類」等發行均夥。

在蘇聯對於下一代國民之教養事項，最為注意，故發行之普通知識教科書為數極多。最近十年內，發行之學校教科書數達十五萬六千一百萬本之鉅。其中三分之一，係用蘇聯民族自有文字印行。

農學書籍之平均印行額，在革命前只有時達三千本。蘇聯農村則獲得關於農業之各種知識書籍數百萬本。蘇聯政府成立三十年期內，印行之農學書籍，較革命前俄羅斯之二百年仍多二十五倍強，除受人歡迎之小冊子外，如達爾文，梯米納柴夫，米邱林，威立雅木司，普爾尼什尼闊夫，雷仙闊等著名學者之著作亦有發行。

因集體農村新幹部，如拖拉機司機，聯合機司機等之增多，而所對於新體裁書籍之需求，即農業基層專才指南，此類書每年均有極大數額之發行。

緣於工業化之結果，技術書籍大量發行，綜計蘇聯成立之三十年，所出技術書籍達十五萬六千種之多。總印行額為七萬一千三百萬本。其新體裁之技術書，如關於改善工作方法之優良工人的書籍，自戰前推行優良工人運動之時起六年內，僅關於工業及交通兩部門，即刊有四千六百四十三部之多，發行總數為四千九百萬本，包括一切改善工作方法之技術。

文學書籍在蘇聯印書事業內，亦佔極重要之位置，自一九二八至一九四七年二十年間，蘇聯有七萬零四百五十部文藝作品問世，印行總數為十二萬九千九百萬本。在帝俄時代，高爾基作品只印行一百萬本，蘇聯則印行四千四百餘萬本，，普希金作品革命前發行總額為九百萬本，蘇聯政府時代為三千六百萬本，共用七十六種文字。列夫、托爾斯泰作品蘇聯時代較前多三倍。柴霍夫作品多三十六倍。外國作家如拜倫，巴爾札克、海涅，西萬提斯，涉士比亞，羅曼羅蘭等之文藝作品在蘇聯亦以數十種民族文字，大量刊行，現代蘇聯作家作品，深受讀者歡迎，在文學書籍發行總額內，蘇聯作家作品佔半數強。

十月革命以前，民族作家之作品，除少數例外，差不多沒有以俄文印行，且亦未譯成他民族之文字，蘇聯時代，則各民族作家作品，乃由三十五個民族文字譯出，成為全蘇聯民族之作品，如天才作家蘆塔．盧斯塔維里之「蒙虎皮的武士」係以俄文出版，有六種翻譯文，並以十四個民族文字印行，阿美尼亞史詩「沙遜的大衛」，譯成七個蘇聯民族文字，謝甫青柯之作品以三十三種文字印行五百餘萬部。卡薩赫詩人江布爾之作品，用二十一種文字出版。甚多民族作家之作品，只有在蘇聯政府時代，始為讀者大眾所知曉，革命前幾乎無人知曉之烏茲別克天才詩家阿立舍爾那沃衣，其作品印成五種文字，發行頗廣，阿塞爾拜然大詩人尼薩米之作品亦然。

蘇聯兒童均獲得解說詳明趣味適合之書籍。最近二十年內，蘇聯印行之兒童讀物為二萬六千二百八十二種，總本數為六萬六千一百萬冊，特為兒童印行世界名著如普希金，萊蒙托夫，高爾基，格立勃耶多夫，托爾斯泰，謝德林，柴霍夫，屠格托夫，謝甫青柯，涉士比亞，狄更斯，馬雅可夫斯基，莫利哀等之選集。

報紙書籍而外，蘇聯之定期雜誌印行亦極廣，現在出版者，有俄文一千四百種，蘇聯其他民族文字者三百五十種。

蘇聯出版事業之發達因不限於上舉數字，主要者厥為在實質上，在任務上之內容及新的趨向。

蘇聯文字和蘇聯出版事業，以忠於民族利益為職志。一般人民不僅信任出版事業和文學，且親愛之，衛護之，經常活潑的參加此事業，故聯共黨中央機關報『真理報』誕生之日（一九一二年五月五日）即蘇聯出版節，乃成為蘇聯全民的佳節。

三十年來的蘇聯文藝出版

耶列芙基　瑪楚耶夫　菲多塞夫　作
雪原　譯

—自一九一七年到一九四七年—

I

在我國建立了真正的人民的社會主義文化，為千百萬群衆所喜見樂聞的，具有創作價值和全民意義的文化。我們歷史上過去的三十年提供了一副描繪蘇聯各民族傑出的作品，以及譯成蘇聯各民族文字的俄羅斯及世界文學古典作家和現代革命作家的作品大量出版，不斷增長的壯麗的圖畫。

為我們出版局所出版各種知識著作的數目是多麽龐大，這顯示出發行數目已經達到了巨大的規模。譬如，在過去的三十年中，馬恩作品出版了一千二百七十四版，總數是三千八百五十萬冊，而列斯作品則出了一萬一千二百九十七版，共為六萬八千二百五十萬冊，且已譯成一百零一種文字。文藝作品在全部出版物中居於顯著地位。最近二十年來，在蘇聯出版了七萬種文藝作品，發行總數為十五萬萬冊，而印刷刊物則有六十萬萬頁，估此一時期出版的各種作品與小冊子發行總數的百分之十到十二。一九四七年十月一日以前所出版的作品都已包括在這個統計材料里面了。應當提出，計算在這個材料目錄里的僅僅是發行的單行本。至于在選集中，雜誌及報紙上所發表的文藝作品（長篇、中篇、短篇小說，劇本，詩等）尚未包括在內，因此實際上，文學作品譯本及發行的冊數要比此表所列的多得多。

茲將革命時期及革命前期文藝作品出版擴大的情形作一比較

文藝作品發行總數及平均數

年份	總數（以百萬冊為單位）	一部作品平均數（以一千冊為單位）
一九一三	一五·九	三·四
一九三二	三五·三	一〇·九
一九四六	七〇·二	二九·一

這樣便可顯然看出一九四六年文藝作品發行數幾乎是一九一三年的五倍多。除了發行數目增加而外，文藝作品平均數也增加了。從一九二八年起到一九四七年止，一部作品平均數增加了一倍半。

黨和政府對古典文學作品的出版，一向就很重視。大量發行的過去一百年間俄羅斯文學的偉大創作，已成了最廣大人民群衆的遺產。

俄羅斯古典作家作品在蘇聯與革命前俄國出版比較

作者	一八八七—一九一七 發行數（單位千冊）	一八八七—一九一七 譯成幾國文字	一九一八—一九四七 發行數（單位千冊）	一九一八—一九四七 譯成幾國文字
赫爾岑	一六七	一	一八一〇	四
果戈理	五八二三	五	一〇五二六	三五
高爾基	一〇八三	八	四四五〇四	六六
格里波埃托夫	六一九	二	一一七三	六
萊蒙托夫	四〇三六	八	九七四〇	五一
瑪耶柯夫斯基	四	二	九四〇四	四五
涅克拉索夫	二五四	一	九六四八	二九
奧斯特羅夫斯基	二五四	二	三三五〇	一八
普式庚	一〇七二一	一四	三五四二九	七六
謝德林	二三一	二	七八八四	二八
列夫·托爾斯泰	一〇七八四	一〇	二六四五九	六五
屠格涅夫	無	無	一二四三二	四一
柴霍夫	六七二	五	一八三八六	六一

外國古典作家作品亦在大量地出版或正在出版著。

外國文學古典作家作品在蘇聯及帝俄出版比較：

作者	一八八七—一九一七 發行數（單位千冊）	一八八七—一九一七 譯成幾國文字	一九一八—一九四七 發行數（單位千冊）	一九一八—一九四七 譯成幾國文字
拜倫	一九六	二	四九九	八
巴爾扎克	一一四	二	二〇九五	一〇
巴比塞	無	無	二〇七五	三
海涅	二三六	六	一二六五	一七
哥德	三一一	一	五九〇	九
雨果	四九三	無	四一七三	四一
狄更斯	一〇五三	無	二三四〇	一五
左拉	九八二	無	二五七三	一三
莫泊桑	一五二五	無	四〇四六	一六
羅曼羅蘭	二八	一	二二〇七	一九
塞萬提斯	一五三	三	六五〇	二二
斯坦達爾	二七	一	八八一	八

弗朗斯	五二三	無	一八二六	一二
沙士比亞	七三三	四	一六二一	二〇
席勒	五三八	六	六八三	一五

自從建立了蘇維埃政權三十年以來增加了許多有天才的蘇聯作家幹部。其中很多都榮膺了斯大林獎金。

作家—斯大林獎金獲得者，

（自一九四〇年到一九四六年）

阿加泡夫—一九四三、四四。
阿伊別克—一九四五。
阿里格爾—一九四二。
安多柯里斯基—一九四四。
安東諾夫斯卡婭—一九四一。
阿塞耶夫—一九四〇。
巴然—一九四五。
巴饒夫—一九四二。
鮑羅亭—一九四一。
波羅夫卡—一九四六。
華西列芙斯卡婭—一九四二、四三、四四。
維烈薩耶夫—一九四二。
維爾施格拉—一九四六。
維爾達—一九四〇。
雖麥炎·烏爾岡—一九四〇、四一。
加波里洛維契—一九四二。
郭爾巴托夫—一九四三、四四。
格拉巴里—一九四〇。
格魯波湼爾—一九四六。
格林—一九四六。
加弗爾·顧良姆—一九四三、四四。
顧耶夫—一九四一、四三、四四。
江布爾—一九四〇。
托夫勒柯—一九四〇、四一。
英倍爾—一九四五。
伊薩庚—一九四五。
伊薩柯夫斯基—一九四二。
加維林—一九四三、四四。
加爾明—一九四一、四六。
卡泰耶夫—一九四五。
基阿柴里—一九四〇。
柯拉斯—一九四五。
柯爾納楚克—一九四〇、四一、四二。
克拉皮娃—一九四〇。
庫別少夫—一九四三、四四。
庫帕拉—一九四〇。
拉夫林湼夫—一九四五。
別提夫·庫瑪契—一九四〇。
里昂尼提—一九四〇。
李昂諾夫—一九四二。
洛金斯基—一九四三、四四。
瑪雷施柯—一九四六。
瑪爾沙克—一九四三—四四。
密哈爾柯夫—一九四〇、四一。
瑪柳金—一九四五。
B·湼柯拉索夫—一九四六。
湼里斯—一九四六。
尼林—一九四〇。
A·諾維柯夫。普利波伊—一九四〇。
巴甫林科—一九四〇、四六。
潘諾娃—一九四六。
彼爾沃瑪斯基—一九四三、四四。
鮑高金—一九四〇。
泡列沃伊—一九四六。
A·波羅柯菲耶夫—一九四三、四四。
雷里斯基—一九四二。
綏拉菲靡維支—一九四二。
塞爾蓋耶夫·翁斯基—一九四〇
西蒙諾夫—一九四一、四一、四三、四四、四六。
索波列夫—一九四二。
索洛維耶夫—一九四〇、四五。
斯傑潘諾夫—一九四三—四三。
蘇爾柯夫—一九四三、四四。
特瓦爾托夫斯基—一九四〇、四三、四四、四六。
鐵霍諾夫—一九四一。
A·托爾斯泰—一九四〇、四二、四三、四四。
特烈湼夫—一九四〇。
貺琴娜—一九四〇。
烏皮特斯—一九四五。
法捷耶夫—一九四五。
契柯萬尼—一九四六
希施柯夫—一九四三、四四。
蕭洛霍夫—一九四〇。
愛金施坦—一九四〇。
愛倫堡—一九四一。
雅柯波桑—一九四六。
楊（楊柴維支基）—一九四一。

蘇聯作家底作品正在幾十萬幾百萬冊地出版着。

三十年中間俄羅斯作家作品的出版情形

作者	出版數	冊數（千冊爲單位）	以蘇聯文字出版
安多柯里斯基	二八	三七四	二
阿里格爾	一九	七八三	四
阿塞耶夫	六九	一一九二	一
巴格林茨基	二七	六七一	三
鮑羅亭	一八	二三八九	三
巴饒夫	三六	一七一〇	三
維爾達	六五	二三二四	二五
維烈薩耶夫	一三八	一七九三	一八
維施湼夫斯基	四二	八七六	一〇
格拉特柯夫	一二五	二四五二	二四

郭爾巴托夫	一三七	五九一〇	三三
格羅斯曼	八二	五七六九	一五
伊里夫及彼特羅夫	七〇	一六三五	九
英倍爾	五七	九一六	三
伊薩柯夫斯基	二五	三八九一	一
加維林	一二二	三八六三	二一
加拉瓦耶娃	八一	一八〇二	一二
卡泰耶夫	二一六	七二八九	三五
拉甫倫涅夫	八五	八三二	八
庫普瑪契	四七	一八七八	三
李昂諾夫	九五	二一九〇	六
瑪加林柯	三四	四七四	一二
波里泡夫	二五七	六三二八	二八
奧斯特洛夫斯基	二五七	四九七八	四七
巴甫林科	九五	一七八〇	一九
潘菲洛夫	一三三	四六一五	二六
波黎施紋	九六	二九五二	一三
波羅柯菲耶夫	二五	三九四	一
鮑高金	四四	四一七	五
塞爾格耶夫·崙斯基	九五	三八八五	一三
綏拉菲廖維支	三六五	七一四四	四〇
西蒙諾夫	一七八	一二四九四	三三
索波列夫	九二	四八二五	一四
蘇爾柯夫	三七	七八八	一
特瓦爾托夫斯基	五一	一四四四	二

鐵霍諾夫	一八九	四二〇六	三一
A·托爾斯泰	四七二	一三六八一	三八
特烈涅夫	七三	六二九	六
法捷耶夫	二五一	五七八九	五三
費亭	二八一	一八二四	四
富爾曼諾夫	二一八	三四八一	四〇
沙金寧	七八	九四一	六
蕭洛霍夫	三二七	一六三三四	五三
愛倫堡	二〇四	六二〇七	二七

蘇聯廣大群衆中最風行和最受歡迎的蘇聯作家的作品（單行本的）一再大量地再版着。像這樣的作品有：

書名	版數	册數（千爲單位）
蕭洛霍夫的『靜靜的頓河』	一一八	五八三九
同『被開墾的處女地』	一〇三	二六二九
A·托爾斯泰的『彼得大帝』	四八	一六六五
法捷耶夫的『毀滅』	七五	一六二五
同『青年近衛軍』	二五	一一六〇

II

促進蘇聯各民族文化復興及發展的列寧——斯大林的民族政策，在這些民族文學的創作中也明顯地反映了出來。蘇聯各民族都有其不斷發展的民族文學，我國各民族統一的社會主義文學的文化價值與各民族文化軍的交流則日益增長和擴大。蘇聯各民族古典作家與現代作家的作品已被譯成了許多文字。最近十年（一九三七——一九四六）中各盟員和自治共和國作家的作品幾乎佔蘇聯文藝全部出版物的三分之一。就在這同一時期內文藝作品，在蘇聯已譯成三十五種文字以上。茲爲一般的了解以各民族文字（俄文除出）出版的文學作品起見，特列下表藉供參考。

各盟員共和國文藝出版（至一九四六年）

共和國	全部文藝作品		其中民族文學	
	版數	册數（單位千册）	版數	册數（單位千册）
俄羅斯			一〇八二	五四七五四
烏克蘭	一九六	三二一二	一四二	二三七五
別洛露西亞	六三	七四六	四三	四一九
烏茲別克	三三	三四〇	一〇	六三
卡查赫	二九	三八七	一八	二五五
格魯吉亞	一〇二	六四四	七二	四九八
阿捷爾拜疆	六三	八四六	四八	六〇二
立陶宛	六九	七五一	三五	三九五
莫爾達維亞	一六	三〇二	一二	二一二
拉脫維亞	一三三	一二一二	五六	五三九
基爾·吉茲	一六	一四四	一四	一三八
塔什克	一二	六六	八	四一
阿爾明尼亞	一〇五	四二六	七〇	二七二
土爾克明	五	三〇	四	二三
愛沙尼亞	一五九	一七二九	七五	五六七
卡列里·芬蘭	一三	一〇八	四	二六

III

關于兒童讀物發行的材料是有其特別意義的。蘇維埃政權時代，在我國創立了優秀的兒童文學，1它滲透着崇高的社會主義的人道主義，在後一代中培養着對于勞動的熱愛，追求知識的渴望，高尚的人性與激動，對蘇維埃祖國的無限忠誠。

偉大愛國戰爭前數年，是大量發行兒童文學的年份。兒童讀物在一九三九年到一九四〇年平均每年出版的冊數約有五千萬冊，比一九一三年多八九倍强。僅在最近十年中（一九三七——一九四六）即出版一〇九八八種作品，總數爲三萬二千八百萬冊。

蘇聯兒童讀物出版

作者	冊數（千冊爲單位）	幾種文字
巴爾托	一四〇二一	五五
比安基	七三四六	三一
葛達爾	五二六〇	四八
日特柯夫	五七一三	四五
伊林	三八六六	四四
卡西爾	五九〇七	五一
克維特柯	七四八六	三三
馬爾沙克	一九一六四	五六
密哈爾柯夫	一〇七一五	二四
倭柯夫斯基	一五七七九	四六

各流行的兒童讀物發行數與譯成幾種文字
高爾基的『童年』，二百一十萬冊二四文字
葛達爾的『鐵木耳及其伙伴』五十四萬七千冊十九
卡泰耶夫的『霧海孤帆』八十七萬一千冊十五

這就是蘇維埃國家文藝出版增長的不可雄辯的數字。這些數字證明了社會主義文學的人民性及其偉大力量。社會主義的文學以蘇維埃愛國主義的精神，以無限忠實于列寧——斯大林的精神，共產主義的精神教育着千百萬的讀者。

註一：全聯盟共和國書籍局爲蘇聯最高中央圖書機關。

（譯自『旗幟』一九四七年第十一期）

蘇聯作家的書店

B. Bolashor作
宣閑譯

蘇聯作家協會的一切書店在那伸到遠北偏僻的獵戶的全國售書網里，構成了重要的連索。這等書店的首要目的是爲了作者和文學研究者的工作和私人圖書館，幫助他們採辦書籍。他們又爲藝術工作者，和一般愛書家調度書籍，而且配合國家圖書館交來的定單，他們又給作家協會的出版所做書籍經售商。

這些書店中間最老的一家是十年光景以前在列寧格勒創立。它不但是大售書商，而且是愛書家的中心。它那透澈的檔卷是一筆資產，使它能够出版許多愛書家的參考書。最近出版的一種是契柯夫的著作的參考書目。現在它正在出版一部論十九世紀俄國文學的廣泛的參考書的第一卷和一本論俄國舞蹈的參考手册。

蘇聯作家協會的各書店是在莫斯科，基輔，志別里希，維爾紐斯及其他許多城市開設的。作者們把他們的定單交託他們當地的店。如果一張定單當地的店不能配發，它就傳遞給別地的店。特約代理人們經常留意着小市鎮里所需要的書籍。

許多作家有着大量的私人藏書。V．里定有着作者簽名的初版俄國古典的一批珍藏。列寧格勒文學研究者台思尼茲基教授(Professor Desnitsky)的圖書室估計值三百萬盧布。它藏有五十年來教授所收集的俄羅斯及西歐古典的『初版』。彼脫洛，浮什哥拉（Petro Vershigor），所收集的出色的藏書是關於游擊戰爭史的，S．塞該也夫．會斯基（Sergeyev—Tsensky）呢，是關於海軍的。O．福爾盧（Forsch）呢，是關於列寧格勒的歷史的。其他値得一提的還有I．愛倫堡，李奧崑特．李奧諾夫，（Leonid Leonov）年青劇作家A．格拉特科夫（Gladkov）等的藏書，和古科夫斯基教授（Professor Gukovsky）（十八世紀），奧洛夫教授（Professor Orlov）（詩）和P．諾維茲基（Novitsky）（戲劇）等的特殊化的藏書。有一些値得注意的而不劣於許多歐洲城市的公共圖書館的藏書是么克沁·高爾基，亞歷克綏·托爾斯太和台謨扬·倍特尼 Demyan Bedny）所收集的。

然而作家中的愛書家却只是蘇聯的愛書大衆的一小部分，各種職業的人們是把定單交託蘇維埃作家協會的書店的。在他們的主顧們中間，我們發見了蘇聯學術院主席S·跋維洛夫（Vavilov），他不但收集着他的科學專門有關的書籍，還收集關於十七及十八世紀的文學和歷史的作品。我們又發見了戈華洛夫元帥（Marshal Govorov）和伏羅諾夫元帥（Marshal Voronov），測探駕駛師達維陀夫（Davydov），歷史家巴什勒維支（Bazilevich）、那個有着舞藝方面廣大藏書的跳舞家迦里那·烏拉諾跋（Galina Ulanova）以及那個關心於莫斯科和列寧格勒的建築方面的書籍的建築師馬科夫（Markov）等·顯要的公共人物們 軍人們，工程師們和工人們——總之，生活各方面的 籍愛好者們都對作家的各書店有着委托。

各書店所主持的讀者會經常號召着廣大的群衆。他們促進着收羅書籍的風氣，使讀者們熟識種種新出版物。

最後，蘇聯作家協會的各書店還收集了許多寶貴的古物。單是列寧格勒和莫斯科兩地最近所搜集的東西就包括有彼得大帝的簽字手跡，一八一二年拿坡侖寫給古都若夫（Kutuzov）的一封信，高爾基給年青作者們的許多信，瑪耶科夫斯基的原稿，沙皇伊凡時代的密碼本的原稿，和勃留索夫（Bryussov）的未刊書簡二四〇件以上的珍藏。列寧格勒的書店近來又給薩底科夫·謝特林公共圖書館獲得了前所未聞的雨果寫的十二封信。還有一件寶貴的購得品就是曾經被認為遺失的十世紀的羊皮紙文書，它的發現把俄文字母的年齡闡明了。

其他

（一九七）斯干底那維亞近訊

二年前，丹麥腦威最大之出版家 Gyldendal 懸賞七萬柯朗（丹麥錢七萬柯朗約值墨洋三萬六千元）徵求一本用丹麥文或腦威文做的最好的有理想主義傾向的小說；徵文條例除了定去年三月為收稿終止期並請作者用真名而外，就別無條件了。

把一本創作小說的價值定為七萬柯朗，雖然不是最大的價錢，卻也是大價錢中間的一個了。自從這個消息傳佈以後，斯干底那維亞半島的文學界常常評論這件事；也很有些反對的論調。同時大家都猜這個巨獎將落在一個不甚知名的人的手裏。果然去年九月宣布徵文結果，這七萬柯朗的大獎被一個不甚知名的拉爾森 (Johannes 理海格爾說道：「這次徵文結果之美滿，眞非我們始料所及。我們想不到這樣偉大的丹麥文的作品會來應徵的。我們想不到會有那樣多的應徵人，我們簡直想不到，我們的徵文中間還可以選出九部來在最近之將來出版時，也足

Anker Larsen) 所得。他的小說名叫 De Vises Sten（哲學家的石頭）評定這次徵文的人是古本哈金大學著名的文學教授威廉·安特生 (Vilhelm Andersen)，克利西奈大學教授弗蘭昔·勃爾 (Francis Bull) 和腦威的大文學史家卡爾·南洛潑 (Carl Naerup) 等人。徵文結果發表後，吉爾達爾書局就於九月十九日發售預約特價二萬部書沒有出版，二萬部早賣完了。瑞典芬蘭英美荷蘭德國和捷克等國的出版家都已找人翻譯，所以自從去年九月以後斯干底那維亞文壇上新多了一個世界聞名的作家了。

這本得獎小說約有五百多面，描寫的中心點是宗教心理；技術和人物都有點像哈姆生的井旁婦人（一九二〇年作）。當吉爾達爾書局發表此書得獎的時候，牠的經說次要的人物則有三個孩子代表人生的三方面：一是牧師的兒子，一是書香人家出身而後為謀殺犯的張爾格，一是神祕的，後來自殺的達爾。

同應那七萬柯朗大獎的徵文的許多小說除得獎的

為我們增光的」古臘逵爾經理這一席話，可謂鼓吹盡致了。不論這部得獎小說究竟如何，只看了這一篇話，就盡够引誘二萬多人去買這部書了。

這部得獎小說共分為七十四章，第一章裏就介紹了十二個人物進來，開場的地方是一個教堂，在第二面上，就說：

哈，他們自然是到教堂裏去，但不是為的去禮拜上帝：他們為的是逛去的。那宣教師是一個天才；是一個能夠哄動人的演說家。當人們從教堂回來的時候，他們那洋洋得意的神氣，就同從戲院裏聽了戲回來，或是聽了什麼動感情的講演回來。他們的幻念，誠然是在那里顫動，若論到宗教生活，可是沒有。

書中的主要人物，某牧師，就是那樣一個天才，一個演說家；他最擅長的，是舉行葬禮時的說教。第二個主要人物是那四十二歲的甘狄大——他一直走到全書盡頭，用聖經上的「於是恩諾契和上帝走了……」收結了這本小說

哲學家的石頭而外，還有九部古臘逵爾書局也要印行的，是勒倫（Laurids Bruun）的雙生子，講兩個小孩子的生活；蒲西荷爾支（J. Buchholtz）的小箭，講兩個人的快活生涯；卡斯頓（Frederik Carsten）的勝利，講一個私生子的自立；霍克冷（Andreas Haukland）的鯝正在紡織，是一篇傳說的故事；亨晉生（Agnes Henningsen）的兒童的能力，討論父母與兒童的關係；彼得生（Josef Peterson）的皇帝的犧牲，是歷史小說；普禰生（Frederik Poulsen）的迷途斯日到地上來了，是一篇諷刺詼諧的戰事小說；羅森克倫支（Palle Rosenkrantz）的林登堡的貴族，叢講過去兩世紀的風俗和生活；奈特洛澄（A. Svedrup）的伊列克·古特曼，是一本娛樂的小說。

挪威瑞典書業之組織

鹿夔譯

Book Trade Organization In Norway And Sweden: ByStanley Unwin

吾人對於歐洲各大都市之書業組織，若深加研究，必感出版家與書店所遭遇之問題，全球皆然，所不同者，即在此問題之解決方法上，所獲成功之程度，有差異耳，處此書業競爭時代，挪威瑞典二國之發展，尤足驚人；其順利之原，固由於細心研究德國方法，且從而模仿，亦賴北方民族程度之高，有以使然，惟其模仿，並非盲從德國，乃能使書業組織，日趨合理，又使人人染藏書癖，而以購書為樂事，余嘗參觀彼邦人士之家庭，見架上之纍纍者，皆皮面精裝之書籍，此等情況，不但可娛納斯欽 Ruskin(註一)，而尤足令英人咋舌，蓋以英人平均之收入，竟五倍於彼邦人士，而吝於購一極廉之布面書故也，英國生活程度之高，無可諱言，然購書之興趣，較諸北方民族，實相差霄壤。

彼國書業組織，雖受德國之影響，頗似德國；而在細枝末節上，仍多歧異之處，以挪威言，地方組織，代表出版家、 Oslo 書店，與各地書店，凡屬上述三組織之一者，均須加入書業最高機關，瑞典則不然，其機構頗似英國，出版家與書店，各自獨立，然近年以來，二者為謀共同利益起見，互相協議合作者，日見其多也。

挪威之組織，極似安斯特坦城Amsterdam之荷蘭式，實為顯著之點，其書業最高機關，名為“Den Norske Bokhandlerforening”，分設各總部，其中之 Bokhandelens Hus 部，非專為定貨與批發而設，一如荷蘭，且為委員會會議之所，凡各書店之定單，均大批送到該部，然後由出版家收集取去，至於發貨，亦由此裝包，分發於各地書店，裝包之法，簡單而又巧妙。

Bokhandelens 辦事之處所，為某有限責任公司所有，而該公司之股東，盡為出版家及書賈，出版家辦事處之不在 Oslo 者，在 Bergen 與 Trondhjem ，得以充分存貨，以敷定單之所需，而各地書店，亦得由其源源供給，為避免發貨遲延計，（尤於聖誕節書店忙碌之時，時有遲延之虞，）每年印發比較重要出版物之目錄，而於各書名之上加註 codeword ，（註二）故在挪威，凡書店之急欲訂貨者，不論其為 Oslo 出版，抑係其他各地出版，均可利用電信符號，（Code word），以一電通知，並告以所需之數量，法甚簡而費極省也。

書業最高機關之執行機關，主持者七人，四人為出版家，並設代表團，代表凡十一人，出版家佔七人之多；凡會書業規章之變更，必經大會討論之後，代表團得以修改之，若一人兼為出版家與書賈，可全為地方組織之兩種會員，凡書賈出版之書籍，超過五十先令之價值，且每年有新書出版者，可加入出版家聯合會 Publisher's Association；凡出版家之有零售零書店者，亦可加入 Oslo

書店聯合會，是以出版家與書店工作上，常甚密切，卽於宣傳方面，亦可合作進行。

關於新開書店之被承認與否，全由書業最高機關決定；理論上，無論何人，只要在被承認之書店中，嘗工作十二年者，皆有開辦書店之權，唯在承認之先，請求者對於其本身義務履行上，應提供担保，而所需担保之數量，隨請求承認之希冀而異，故無形之中，遂予書業最高機關，以操縱管理之權。倘在設店後十年之內，所有義務，盡能履行，則担保品卽予退還。

出版家多有在營業總數內，約提出四分之一，或三分之一，交書店發售；如不及售罄者，仍許退貨，教科書批發者，爲七五折，文學等書爲七折。

此外，所有書籍，批與書店，不問賣却與否，概不許退貨，其折扣數與前述之折扣相等，前者之每次批與，爲數不多，俾書店能時時添配新出書籍也，後者所添之數，每年八月一日，始配發一半，十一月一日，又付四分之一，至翌年三月八日，始全數配與，出版家對於八月一日及十一月一日所配之貨，復予以九八折，准許退貨之生意，至三月八日結束，書店若不能履行其本身義務，則出版家可提出於特別組織之處置委員會 Settlement Committee ；設此委員會仝意於應履行義務之展延後，其解決方案，若仍爲對方所不接受，則出版家得停止與書店款項之往來，及書貨之供給，直至債務淸償之日爲止。

書店對於任何交易，不予折扣；唯公共圖書館與學校不在此例，後者之折扣爲百分之十，前者爲百分之八又三分之一。

對於公共圖書館及學校圖書館，除予以相當之折扣外，另有新辦法，足以解決其購書之問題，而使各有關係方面，均得仝等之滿意。

此新辦法爲何，卽 Folkeboksamlingenes ekspedisjon ，簡稱F.e.者是，先是，有訂書工人某，眼光遠大，而於公共圖書館營業，尤所熟悉，遂創F.e.之組織，迄於今日此私人一手創辦之機關，竟爲輔助國家之制度。

凡挪威小規模之公共圖書館及學校圖書館，無力僱用素有訓練之圖書管理員，或僱用之管理員，而不能予以全日之待遇者，均得F.e.之援助，以代爲其解決工作方面技術上之疑難，一切圖書，均由F.e.按照杜威十進法分類，編目，標題，填寫卡片，是故其圖書館之工作，盡由F.e.代勞，而圖書館職員，反無事可爲，唯有依次分置各書與卡片而已。

上所述者，並非此制之特點，茲說明之於下，出版家通常於初版三四個月後，專爲學校與公共圖書館另定一特殊之書價，其與通常之發行價額之差，常在百分之十與二十之間，減售之數量，由於出版家之決定，且僅限於活頁與紙面書籍，從此減售價格中，再打以七五折，批與書店；書店再依原價九五折批與F.e.；F.e.則照原價售與圖書館；可獲津貼百分之五，同時向圖書館收二先令，作爲再訂標題等之用費，故能負担管理計劃之費用。

售價雖減，然在出版家，仍有利可圖，蓋折扣小，而供給圖書館之貨物，均係大批送至一處，未經裝訂者也，在出版家之印刷部與F．e之間，或在F．e與圖書館之間，無有直接關係，故不論出版家或書店，概無操縱書貨之能力。

即在書店方面，除送寄所收受定單，填具各式印件外，坐享八折之利，故對此計劃亦極歡迎，是昔日之爲出版家與圖書館而設者，一易而爲各地書店輔助與鼓勵之工具。

至各小規模圖書館，對於此種組織極表歡迎，蓋小圖書館所需之書，F．e大都均有存貨，可以隨時供給，是以百分之九十以上之定單均可由F．e辦理。大圖書館對於初版之書，多願先睹爲快，且自有其圖書分類之方法，毋須F．e爲之服務，故以九一另之折扣，逕向書店購買。

就今日之挪威而言，F．e之交易，不但學校與公共圖書館稱便，近且惠及輪船圖書館，是以挪威船備書之豐富，殆爲世界之冠，昔史丹勒遜先生 Mr. Gunnar Stenersen 研究此事，謂航員對於所有文學書籍，具有強烈之需要，且能欣賞之，此言誠不虛也。

對於學校及公共圖書館，政府圖書館部更於每年之中，印發新書目錄，以供圖書館購買之參考，而出版家亦特刊發目錄印單，宣傳其出版物之減售，以應圖書館實際之需要。

書業界之互通聲氣者，厥賴哈佛勒爾先生 Mr. H. J. Haffner 主編之 Norsk Bokhandlrstidende 週刊，此週刊之印行，蓋使出版家與書店，有所聯絡也。

英國書籍之銷售，多爲 Commermeyers Boghandel 與 J. G. Tanum 兩大公司承辦，二家爲比鄰，營業甚旺，然國內書店之購英書者，多趨於 Cammermeyers 公司，英書之需求，因二公司營業之發達而增加，金本位之國家，如德、法諸國，書籍之銷路，望塵莫及。

挪威書籍之在丹麥，以及丹麥書籍之在挪威銷售者，數量大減，而二國文字之差異，亦日顯也，且挪威之譯丹麥作品，毫不顧及對方之權利；而於對方舉動，有關彼之權利者，則非常注意。

瑞典書業組織始於一八四三年，其時，出版家聯合會初告成立；一八八七年另有新組織成立，與之抗衡，五年後，二者合併而成今日之 "Svenska Bokförläggareföreningen"；至書店聯合會之組織，則始於一八九三年。

此二大聯合會什有重要之設施，而得他人之信仰：

（一）使商法增訂一九一二年書業組織之條，以規律二大組織之關係。

（二）一九一三年雙方信用担保保險計劃之成立。

關於書店之開始營業與貨物供給，出版家必要求担保品，手續極爲麻煩，且關於担保之財政狀況，頗難得可靠之報告，更使出版家爲難，至一九一三年有徵信所成立，該社杜流弊起見，使書賈成爲其保戶，在一書店破產之場合，出版家可由社中賠償其債權之半數，另加破產時攤派之款，易言之，破產人變賣資產，償付債務，若每鎊債權，可攤得六先令，則出版家一鎊之債權，約可收到十六先令，按照該社規定，書店所付之保險費，均在二鎊半與卅鎊之間，保險爲強迫的；無論何人，欲以書店爲業，以得廉售書籍之特權，必須先行保險，徵信所所設之委員會，內有委員五人，其中二人爲出版家聯合會之代表，凡委員必有專門之訓練，充分之資本，或能供給該社所需之保證者，在過去數年中，該社雖曾受相當之損失，要仍不失其實際之功效。

瑞典書業界爲欲提高服務程度起見，遂由出版家聯合會及書店聯合會創辦一瑞典書業學校，其經費之來源，爲此二聯合會共仝負担。

就書店聯合會印發之目錄而言，瑞典出版家之價格，變化非常，一如英國，彼等較挪威所實行者爲不仝，在另一方面，發行所對於國家補助之圖書館購書，予以八折；而於國立學校，則爲百分之十二又二分之一，初等學校，則爲百分之十六又三分之二，故比較挪威瑞典二國之情形，遂得如此之結論：折扣愈高，則問題發生亦愈多，至能得贏利與否，又另一問題也。

據現存趨勢所示，瑞典出版家與書店之聯合會，自一八九三，一九一一，一九二二，年中及近年，常會商影響雙方之重要問題，頗足引起吾人之興趣者，就瑞典言，「存貨」問題，常爲糾紛之源，一八八零年，競賣所 Auction sales 成立，然爲書店所不滿，故一八九三年，各書店遂提議，謂書籍出售，不滿五年者，不應競賣，在此新商法之下，出版新書之書價，維持須至三年之久，曩時存貨，多不由書店出售，而顧客方面，以爲在書店，決不能得廉價書籍，頗爲不滿，故其後書店商得出版家之許可，極力推銷存貨，瑞典今日之出版家特印存貨目錄，轉交書店分派，廉價之有效期間，均以一月爲限，蓋利用廉價之時效，使顧客從速購貨耳。

一九二二年後，書業與成人教育運動者，即工人教育聯合會，取得聯絡；而得二聯合會之仝意，工人教育聯合會得享受以八折現購，押匯，三個月內掉書之權利，其貨所需書籍，均由書業聯合會之各家供給，然此新運動，尚未達理想之標準也。

瑞典之包，裝，定貨，與發貨，均仿德國，其場所並非書行所有，而爲雪尼克有限責任公司 Seel y & Co. 所經理，該公司之股東，亦多爲各省書賈。

出版家與書店各辦週刊，前者爲 Svensk Bokhandelstidning，後者爲 Bokhandlaren，由 Mr. Yngve Hedvall 與 Mr. Anders Qriding 所主編，於合作方面，頗能注意也。

英人 Mr. Raymond 向所主張之 token system，現爲瑞典書店聯合會所採納實施，在該國已爲成功之事實，瑞典書店之供給書籍，以得 token 者，可予八五折，而售出 token 者，盡得其餘，此制用處頗廣，進行順利，一切銀錢來往，均由雪尼克公司經手。

夫以篇幅之短，而欲詳述各方面，固為事實所不能，然所言者，已足示二國書業組織之嚴密，讀者欲作精深之研究，倘文字不生困難，挪威方面，可閱 J. G. Tanum: Den Norke Bokhandler Forening (1851-1926) 瑞典方面，可閱 Dr. Nils Geber: Svensk Bokhandelsorganisation，

至注意零售書籍分配之經濟，更有其他材料，瑞典之某委員在著名經濟學者 Professor Eli Hecksher 領導之下，調查各書零售分配之成本，在調查中，乃感書籍分配之事實，及其數字，為可靠而足信者，其一九二九年公布之報告，根據瑞典四十九家書店之真實成本，製成各種詳細統計，頗有價值，但凡以增加折扣為解決書業之問題者，則不必對此為客觀的研究，因與該國商情不合，徒勞而無益也。

註一，Ruskin 英國文學家，一生以讀書自娛者。

註二，Codeword 書業公用之一種代表書名之簡字。

一九三四年星洲書業概况

劉國標

南島旬刊，新年刊出『新年特輯』。編者潘醒儂君，以『一九三四年星洲書業概况』一題爲囑。但我置身書業不久，率爾操筆，難免有所忽畧，希讀者諒之！

我們都知道，國家的盛衰，是視乎教育；教育的發展與否，則視于書業。因爲書籍是發揚教育的利器，增進文明的補劑；沒有書業則無以推展教育，沒有教育則無文化的進力，故書業和國家，有絕大的關係。我們試看歐美各邦教育之發達，因其書業之設立如林；反看我們的中國的書業，相差甚遠。滬上『一二八』之役，我國成立最早而規範較大的商務印書館總廠被燬，文化事業受一大打擊，是我國文化的大不幸！然商務印書館并不因總廠的被毀，百業凋蔽時，而呈露灰心，他在商業恐慌的時期，仍爲文化努力，竟以宣告復業，除再續出，袖本廿四史之外，更有每日出新書一種與有大學叢書，小學文庫，四庫全書的影印；最近又有幼童文庫的編排。該館在國難後，有此毅力爲文化努力，眞是難得。回筆再提到星洲書業：

星加坡位於馬來亞的南端，爲南洋群島的樞紐，商業茂盛。故與馬來各地貿易上有極大的關係，茲將一年來書業概况，擇其重大的，作一個鳥瞰的敘述。

南洋文化本極幼稚。昔時書店設立寥若晨星。在二十年前，只有曹萬豐書店之設立，經售上海各家新舊小說，并代理商務印書館書籍，營業尚稱發達，年有餘利。二年後商務自來星開設分行，曹萬豐專門經營國貨，遂放棄書業，嗣後中華書局亦設分行於星洲，而世界書局亦委陳嘉庚公司於星洲代理，陳嘉庚公司爲本地商界巨擘，範圍極廣，對於書業一項，無暇兼顧，一年後，各自願取消合同，後由世界書局自設分行。一二八之役，商務總廠被毀，星地分行自行宣告停業。另委上海書局爲總特約所，以供給馬來亞各校需應的教科書。至於其他的書局，在最近三年間先後開設大小不下十餘家：『新的』『美美』『南強』『中國』等；其餘規模較小的也有多家：如『大華』『永成』『汀應』等。營業範圍較之上海(商務特約所)，中華，世界三大主要書局爲小。

以上三大主要書局，除世界沒有兼營教科書外；商務，中華皆有主營教科書，以供馬來亞各華校課本之採辦。世界書局以本版及什誌畫報，各種參考書，舊小說畫片爲主要。年來小說及畫片，顧客之買力，已不及往年之發達。考其因，不外乎因土產跌落而受影響。其他如新的美美中國等書局，因時間問題，恕不贅述。

什誌之銷路在這年頭尚稱不錯。自瀋陽『九一八』及滬上『一二八』兩事爆發後，抗日問題應時代而產生，民衆激於義憤，俱願藉文字發表意見，於是國內什誌之發行，盛極一時，有如雨後春筍，直至最近，其數多至不可勝數，所以稱今年爲什誌年。本年什誌在馬來亞銷路最佳，合南島人士之胃口者：爲東方，論語，小說半月刊，新生週刊，電聲，太白，世界知識，讀書生活；銷行次等的有新中華，現代，文學，十日談，人言，社會新聞，時事旬刊，現代電影，電影畫報，女子月刊，文化月刊等；除此之外，尚有好銷之良友，大衆，時代，文華，時代漫畫等畫報。

華校採辦之教科書，以商務，中華二書局出版者爲主。但因當地政府，對於教科書之有不合於馬來亞環境者則被禁用，書局有見於此，各聘請專家，主編南洋教科書，以適合於馬來僑教之採用。

星洲之書店，現雖有十餘家，但似乎欠聯絡，亦無同行之組織，故各局之折扣，你貴我賤，常不能一致，殊爲可惜！

一九三四，十二，十二

附表

史料信息详表

篇名	作者	译者	期刊名称	卷	期	页码	出版日期
			综述				
英美两国之出版事业			图书汇报		48	10~13	1915年6月
法美日英四国出版界近况	霖		中国新书月报	1	8	1~3	1931年7月
国际出版界一瞥	钱歌川		中华书局图书月刊		2	1~3	1931年9月10日
英美出版事业概况	陆品琴		同舟		8	6~7	1933年4月5日
书业统一售价发展的经过		隽	同行月刊	2	12	2~5	1934年12月25日
欧洲各国，澳洲联邦，日本及我国两大书店之纸张尺度标准	娄执中		工业标准与度量衡	1	12	61~67	1935年6月
国际出版界之展望	江源珉		江苏学生	7	1	201~205	1935年11月
国外出版家出版方针之研究	士谔		同舟	4	9	4~5	1936年5月5日
欧洲的出版界	马耳		上海周报	1	7	184~185	1939年12月13日
			美国				
出版家经验谈	[美] Lowell Brenlano	张鹤群	人间世		36	33~38	1935年9月20日
大出版家蔻的斯	雅敏		家庭	2	4	5~6	1938年2月
美国的读书会	史东		西书精华		4	181~184	1940年12月
一九四〇年美国出版界综观	何凯		西书精华		6	187~190	1941年6月

续表

篇名	作者	译者	期刊名称	卷	期	页码	出版日期
有声的书	［美］庞德	翼如	西风		81	303～305	1945 年 12 月
闲话美国出版界	得之		中央周刊	8	24	12～13	1946 年 6 月 29 日
记美国当代出版家贝尼德·塞甫	许桐华		时事评论周刊	1	19	12～13	1948 年 11 月 10 日
			英国				
英国之战时出版界	初白		兵事杂志		81	15～16	1921 年 1 月
牛津字典的贡献	叶公超		新月	1	7	1～10	1928 年 9 月 10 日
企鹅丛书	史东		西书精华		1	212～214	1940 年 3 月
英国的企鹅丛书和塘鹅丛书	熊式一		中美周刊	2	23	18～19	1941 年 3 月 1 日
莎士比亚的出版人		任文	读书月刊		1	3～6	1946 年 10 月 20 日
莎士比亚的出版人（续上期）		任文	读书月刊		2	4～7	1946 年 11 月 20 日
英国的左翼读书会	何凯		读书与出版	复 2	7	58～59	1947 年 7 月 15 日
出版家：约翰·茂莱			半月新闻	1	2	封四	1949 年 4 月 30 日
			法国				
法国出版业概况	景兰墅		中华图书馆协会会报	12	3	9～10	1936 年 12 月 31 日
金元锁链下的法国出版事业	［法］瓦里蒙	云长	世界文化报导		2	43～45	1948 年 12 月 1 日
			德国				
德国之书籍营业	F. H. Reeve	毛宗萨		4	42	46～49	1935 年 11 月 1 日
德国犹太人的出版事业	［日］铃木直吉	心远	月报	1	5	1129	1937 年 5 月 15 日
			日本				
日本最近的出版界	陶父		东方杂志	25	14	33～50	1928 年 7 月 25 日
日本出版界之跃进	熊寿文		日本	2	3/4	261～265	1931 年 7 月
日本之教育出版界	吴自强		中华教育界	20	2	75～85	1932 年 8 月
日本出版界印象记	李衡之		文化建设	3	3	101～108	1936 年 12 月 10 日

续表

篇名	作者	译者	期刊名称	卷	期	页码	出版日期
苏联							
苏俄之出版界			俄罗斯研究	2	6/7	23~25	1931年7月25日
苏维埃联邦的出版界	百里		中国新书月报	2	8	29~31	1932年8月
苏俄之出版业近况	何声清		苏俄评论	5	4	83~88	1933年10月1日
苏俄的出版界		毕树棠	西风	7~12		616~619	1937年
苏联之出版事业	[苏]费多谢耶夫		新闻类编		1654	20~21	1948年6月18日
三十年来的苏联文艺出版	[苏]耶列茨基、玛楚耶夫、菲多塞夫	雪原	友谊	3	3	13~16	1948年8月1日
苏联作家的书店	[苏]B. Bolashor	宜闲	新文化丛刊		1	76~77	1948年
其他							
斯干底那维亚近讯			小说月报	15	2	153~154	1924年2月10日
挪威瑞典书业之组织		庚夔	同行月刊	2	11	2~6	1934年11月25日
一九三四年星洲书业概况	刘国樑		南岛		新年特辑	46~47	1935年1月